GELATO GENIALE

JACOB KENEDY

GELATO GENIALE

80 REZEPTE

MIT UND OHNE EISMASCHINE

DUMONT

Die englische Originalausgabe
erschien 2021 unter dem Titel *Gelupo Gelato*
bei Bloomsbury Publishing Plc.

Zweite Auflage 2021

Verlagskoordination: Marisa Botz
Projektmanagement: Nazire Ergün
Übersetzung: Lisa Heilig
Lektorat: Sebnem Yavuz
Umschlagadaption: Birgit Haermeyer

Printed in Italy
ISBN 978-3-8321-9994-4
www.dumont-buchverlag.de

FSC www.fsc.org
MIX
Papier aus verantwortungsvollen Quellen
FSC® C023419

FÜR DYLAN

DIE WELT IST DEIN EIS:

GENIESS ES

INHALT

DAS GLÜCK IM EIS

Eiscreme lässt das Kind in mir aufleben: Wenn ich eine Kugel im Hörnchen in der Hand halte, bin ich wieder der kleine Junge, der mit großem Genuss sein Eis schleckte. Die süße Köstlichkeit war die frostige Freude meiner Jugend.

Überall auf der Welt findet man charakteristische Eigenarten, die kennzeichnend für die Kultur einer Gesellschaft sind. In Italien ist es die Leidenschaft für Zucker. In den Pasticcerie – Konditoreien mit Café – treffen sich die Menschen morgens auf einen Kaffee und ein Cornetto oder ein anderes süßes Gebäck. Nachmittags und abends spielt sich das Leben vor den Gelaterie, den Eisdielen, ab. Jung und Alt treffen sich auf ein Eis und einen Schwatz auf der Piazza.

In London, wo ich lebe, scheint es, abgesehen von unseren heiß geliebten Pubs, weniger solche Treffpunkte zu geben als im südlichen Europa. Als gegenüber meinem Restaurant Bocca di Lupo in Soho ein Ladenlokal frei wurde, habe ich die Chance genutzt und zugegriffen. Ich wollte herausfinden, ob eine Gelateria in England dieselbe magische Anziehungskraft haben könnte wie in Italien. Schnell stellte ich fest, dass der Genuss von Eis tatsächlich eine ganz spezielle Attraktivität hat, egal wo es hergestellt und verkauft wird.

Meine Gelateria Gelupo ist unter anderem von der Gelateria Il Gelatauro in Bologna inspiriert, wo ich das Eismachen – und damit das Glücklichmachen – gelernt habe. Man braucht nicht viel mehr als Milch und Zucker, um einen süßen Moment des eiskalten gemeinsamen Glücks herzustellen.

ALSO RAN ANS EISIGE VERGNÜGEN!

WICHTIGES EISVOKABULAR

EISBASIS (BASE BIANCA)
Die gesüßte Milchcreme wird als Grundmasse für Eiscremes verwendet. Es gibt auch andere Grundmassen (aus Schokolade, Eiercreme, Ricotta etc.), doch Base bianca ist die gebräuchlichste Eisbasis.

GELATAIO
Jemand, der Eis macht, also Sie!

GELATO
Der Begriff umfasst Speiseeissorten von Eiscreme über Sorbet (milchfrei) und Sherbet (milchhaltiges Sorbet) bis hin zu Semifreddo und Granita. Der Plural lautet Gelati.

GLÜCK
Ein sonderbares, vielleicht auch trügerisches, aber trotzdem schönes Gefühl, das sich am einfachsten mit einem Eis erreichen lässt (oder indem man Eis herstellt und damit andere glücklich macht).

GRANITA
Kristallin gefrorenes Wassereis. Auch wenn der Plural im Italienischen Granite lautet, verwende ich Granitas, weil sich Granite für mich so steinhart anhört.

RÜHREN
Beim Herunterkühlen und Gefrieren muss die Eismasse gerührt werden, damit sie eine zart schmelzende Konsistenz erhält.

SEMIFREDDO
Heißt wörtlich übersetzt »Halbgefrorenes«, der Plural lautet Semifreddi. Ein Parfait oder eine halbfest gefrorene Mousse.

SORBETSIRUP
Läuterzucker (Zuckersirup), der bereits einen Stabilisator enthält. Durch das Einarbeiten eines Fruchtpürees in den Sirup entsteht die Basis für ein milchfreies Speiseeis (Sorbet), das nur noch gefroren und gerührt werden muss.

STABILISATOR
Ein Zusatz, sei es auf natürlicher oder synthetischer Basis, der als Verdickungsmittel und Emulgator dient. Mehr dazu auf Seite 14–15.

STRACCIATELLA
Von italienisch »stracciato« (zerrissen, zerfetzt). Kann eine Hühnersuppe mit verquirltem Ei oder aber ein Speiseeis bezeichnen, in das flüssige Schokolade eingearbeitet wird, die sofort feinblättrig in der kalten Eismasse erstarrt.

Was ist Gelato?

Häufig werde ich gefragt, worin der Unterschied zwischen Gelato und Eis liegt. Nun, Gelato ist einfach das italienische Wort für eine tiefgefrorene, gerührte Masse. Die deutsche Entsprechung wäre Speiseeis. Unter diesem Oberbegriff versammeln sich Eiscremes, Sorbets (Eiscremes ohne Milch), aber auch Granitas und Semifreddi.

Und doch hat italienisches Gelato etwas Besonderes. Ein tolles Pistazieneis schmeckt mehr nach Pistazie als Pistazien selbst. Ein perfektes Orangensorbet hat so intensive Aromen, dass es orangiger ist als die beste Orange. Italienische Gelati sind einfach Geschmack und Aroma pur.

Bei der richtigen Temperatur serviert, hat Gelato diesen unvergleichlichen italienischen Schmelz. Während so manches Speiseeis erst steinhart und dann sofort fast flüssig ist, hat ein Gelato auch eine Mittelphase, in der es wunderbar cremig und halbflüssig ist, fast wie Schlagsahne – ein zart schmelzender Traum, der durch den Einsatz verschiedener Zuckersorten erreicht wird. In diesem halbfesten Moment entfaltet Gelato seinen ganzen Zauber.

WIE MACHT MAN PERFEKTES EIS?

Damit ein Eis den perfekten Schmelz erhält, kommen mehrere Zuckersorten zum Einsatz. Eine einfache Lösung (eine in Wasser aufgelöste Substanz) hat einen präzisen Schmelzpunkt. Eine Lösung mit verschiedenen Substanzen hingegen schmilzt in einem größeren Temperaturbereich, das heißt nach und nach.

Zucker kann die Aromen einer Zubereitung unterstreichen und sie angenehm, schnell aber auch zu süß machen. Deshalb verwenden wir für unser Eis verschiedene Zuckersorten und versuchen, insgesamt weniger Zucker einzusetzen. Ein geringerer Zuckeranteil macht das Eis fester, weshalb es sich empfiehlt, es etwa eine halbe Stunde vor dem Servieren aus dem Gefrierfach zu nehmen. In unserer Eismanufaktur, wo alle Gelati eine vergleichbare Süße und Textur haben müssen, wird jede Eissorte mit vier oder fünf verschiedenen Zuckerarten hergestellt. Sie können aber auch mit zwei Zuckersorten hervorragende Resultate erzielen.

Zuckerwasser ist nicht besonders lecker, egal welcher Zucker dafür verwendet wird. Damit ein Eis Vollmundigkeit erhält, braucht es mehr Substanz, die bei Eiscremes durch Milchfett und -proteine und bei Sorbets durch Fruchtpüree und Geliermittel (Pektin und Ähnliches) erreicht wird.

Eiscreme, die mit Milch hergestellt wird, enthält weniger Fett als Sahneeis. Der Unterschied ist erheblich, weil Fett die Zunge bedeckt und die Geschmacksknospen belegt. Sahneeis ummantelt die Aromen, während ein schlankeres Eis die Aromen zur vollen Geltung bringt und auf der Zunge tanzen lässt.

Eiscremes und Sorbets werden – im Gegensatz zu Eissorten wie Granitas oder Semifreddi – gerührt, das heißt, die Eismasse wird, während sie heruntergekühlt und fest wird, ständig in Bewegung gehalten. Zur Veranschaulichung könnte der Vergleich mit einem Ei dienen: Eine Eismasse ohne Rühren zu gefrieren wäre wie das Hartkochen eines Eies – es wird einfach nur fest, wogegen man durch Rühren ein Omelett zubereiten könnte.

Beim Gefrieren bilden sich winzige Eiskristalle, die mit der Zeit immer größer werden. Damit das Eis glatt und cremig bleibt, muss das Kristallwachstum unterbunden werden. Es braucht außerdem ein Mittel, um die Struktur zu stabilisieren. Einige Stabilisatoren funktionieren besser als andere, und ich setze immer möglichst wenig ein, weil das Eis so schöner wird, auch wenn es dann nicht so lange haltbar ist. Für selbst gemachtes Eis empfehle ich Johannisbrotkernmehl (Karob) als Stabilisator. Als Alternative dazu bieten sich Pfeilwurzstärke, Speise- oder Tapiokastärke an.

Die Eiskreationen in diesem Buch halten sich bis zu drei Monaten im Gefrierfach. Am besten schmecken sie allerdings am Tag der Zubereitung. Für eine korrekte Lagerung sollte das Gefrierfach eine Temperatur von maximal –16 °C haben. Entsorgen Sie die Eiscreme, wenn sich an der Oberfläche eine Eiskristallschicht gebildet hat oder sie so aussieht, als ob sie schon mal aufgetaut und dann wieder gefroren wäre.

PERFEKTE FRÜCHTE

Selbst für Küchenprofis ist es schwierig, Früchte richtig auszuwählen, optimal reifen zu lassen und korrekt zu verarbeiten. Für alle Rezepte mit Früchten sollten Sie nur erstklassige, voll aromatische Ware verwenden. Da es fast ein Vergehen ist, solche Früchte nicht in ihrem natürlichen Zustand zu genießen, kaufe ich stets so viel, wie ich roh essen kann, und dann noch mal die Menge, die ich für das Eis brauche.

Die meisten Früchte schmecken natürlich am besten, wenn sie an der Pflanze voll ausreifen können. Früchte vom Markt oder aus dem Supermarkt brauchen aber oft noch ein, zwei Tage in der Obstschale, um optimal nachzureifen. Am besten die Reife jeden Tag prüfen und perfekt ausgereifte Früchte dann in den Kühlschrank geben, um den Reifeprozess zu stoppen (oder für die Eisherstellung einfrieren), bis alle Früchte perfekt gereift sind. Sollten in einer Schale mit Beeren bereits einige Expemplare überreif oder angeschimmelt sein, diese eliminieren. Sie müssen nicht gleich alles wegwerfen. Schadhafte Stellen bei anderen Früchten großzügig entfernen. Gewogen wird immer nur das perfekte Fruchtfleisch.

KEINE ABFÄLLE

Unser heutiger Lebensstil droht die Erde zu zerstören. Deshalb haben wir die Verpflichtung, schonend mit unseren Ressourcen umzugehen. Das gilt auch für Lebensmittel, die wir nicht sorglos verschwenden dürfen, indem wir sie zu lange lagern und dann wegwerfen müssen oder nicht so gut zubereiten, wie sie es verdienen.

Vermeiden Sie auch Verschwendung bei der Eiszubereitung. Schnell bleiben Reste in einer Schüssel übrig, und auch wenn es nicht nach viel aussieht, so kann die fehlende Menge durchaus Einfluss auf das Ergebnis haben, vor allem bei Zutaten wie Honig, Schokolade oder Nusspaste. So bleibt bei einem Liter Eisbasis, die vom Topf in die Schüssel, dann in den Mixer und schließlich in die Eismaschine gefüllt wird, einiges auf der Strecke. Daher sollten Sie jedes Gefäß sorgfältig bis auf den letzten Rest mit einem Schaber auskratzen. Ist das Eis erst mal fertig, freuen Sie sich über jeden Löffel, den Sie genießen können.

KÜCHENHELFER ZUM EISMACHEN

Die alten Römer karrten Eisblöcke aus den Bergen in die Ewige Stadt und lagerten sie in Höhlen oder in Gruben, die mit Stroh isoliert waren, sodass das Eis teilweise bis in den Sommer hinein gefroren blieb und mit Fruchtsirup getränkt reichen Römern serviert werden konnte. Noch heute verkaufen Grattacheccari – Eisschaber – am Tiberufer und an den Stränden in der Umgebung von Rom ihr Grattachecca, mit einem Hobel abgeschabtes Eis, das mit einem grellen künstlichen Sirup übergossen wird. Alles was man für diese römische Erfrischung braucht, ist zerstoßenes Eis und Fruchtsirup. Die Rezepte in diesem Buch brauchen etwas mehr Equipment, aber nicht viel …

STANDMIXER & SIEB Die meisten Rezepte in diesem Buch werden mit unverarbeiteten Zutaten zubereitet. Für ihre Verarbeitung wird häufig ein Standmixer (alternativ: Stabmixer) eingesetzt und manchmal auch ein feines Sieb.

GEFRIERFACH & SCHNEEBESEN Bestimmte Eissorten wie Granitas und Semifreddi lassen sich auch ohne eine Eismaschine herstellen: Für eine Granita brauchen Sie lediglich ein Gefrierfach, eine Form, die gut hineinpasst, und eine Gabel zum Umrühren. Für ein Semifreddo sind ein Schneebesen oder – schneller und weniger schweißtreibend – eine Küchenmaschine oder ein Handrührgerät und eine Schüssel nötig. Dieses Buch enthält diverse Granita- und Semifreddo-Rezepte.

SILIKONSCHABER & KUNSTSTOFFLÖFFEL Es ist überraschend, wie viel Eismasse in einer Schüssel oder im Mixer haften bleiben kann. Wenn man mit relativ kleinen Mengen arbeitet und die Masse immer wieder umfüllt, kann einiges zusammenkommen und die Zutatenmenge und -proportionen beeinflussen. Mit einem flexiblen Teigschaber kann man die Gefäße bis auf den letzten Rest leeren und mit einem Löffel aus Kunststoff die Masse aus der Eismaschine nehmen (ein Metalllöffel würde die Behälterwand zerkratzen, die häufig aus empfindlichem kälteleitendem Material besteht).

EISMASCHINE Für echtes Eis brauchen Sie eine Eismaschine. Im Handel sind zwei Typen erhältlich: mit und ohne Kompressor. Maschinen ohne Kompressor sind wesentlich günstiger und kleiner. Der herausnehmbare doppelwandige Behälter muss vor der Eisherstellung einige Stunden gefroren werden. Er enthält ein Kühlmittel, dessen Gefrierpunkt niedriger ist als der Gefrierpunkt der Eismasse. Wenn die Eismasse vorher schon kühlschrankkalt ist und das vorgegebene Fassungsvermögen des Behälters nicht überschritten wird, wird der Eismasse so viel Wärme entzogen, dass sie fest wird und gefriert.

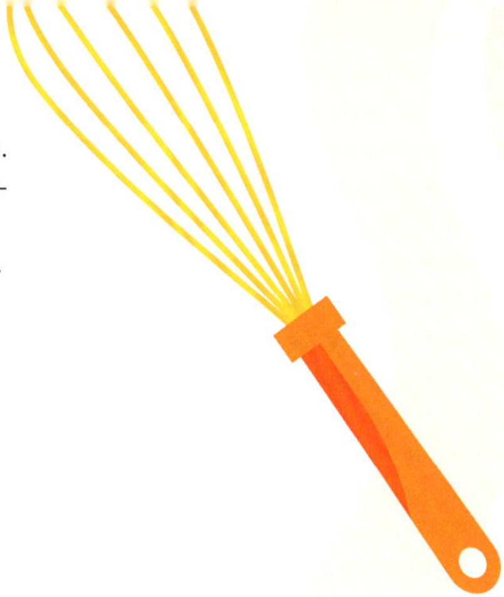

Auch für viele Küchenmaschinen sind Eisbereiter als Zubehör erhältlich. Das ist sehr praktisch, da sich die Geräte auf diese Weise mit wenig (finanziellem) Aufwand und Platz zu Eismaschinen umfunktionieren lassen. Achten Sie darauf, dass die Maschine bei der Eisherstellung auf der niedrigsten Stufe läuft.

Eismaschinen mit Kompressor sind größer, schwerer und teurer. Sie haben ein integriertes Kühlaggregat, sodass sich mehrere Eisportionen in Folge herstellen lassen. Die Investition lohnt sich allerdings nur, wenn Sie regelmäßig Eis zubereiten. Andernfalls nimmt das Gerät nur Platz weg und wird zum Staubfänger.

Bei beiden Gerätetypen sollte man immer einen tiefkühlgeeigneten Behälter mit Deckel bereithalten, in dem das fertige Eis aufbewahrt wird. Kunststoff ist für diesen Zweck ideal, da seine geringe thermische Leitfähigkeit das Eis nur langsam aufweichen lässt, wenn Sie es vor dem Servieren aus dem Gefrierfach holen. Es ist nicht unbedingt nötig, aber empfehlenswert, den Behälter vor dem Füllen zu gefrieren, sodass das Eis keine größeren Temperaturschwankungen erfährt, wenn es aus der Maschine in den Behälter gefüllt wird.

FROSTIGER MEISTERKURS

ZUBEREITUNG VON EIS

Die meisten Eissorten bestehen aus nur wenigen Zutaten, und die Zubereitung ist eigentlich recht einfach.

1. Die Trockenzutaten sorgfältig mischen, damit der Stabilisator (siehe Seite 12) gleichmäßig verteilt wird und beim Einarbeiten der flüssigen Zutaten keine Klümpchen bildet.

2. Die flüssigen Zutaten erhitzen, damit sich die Trockenzutaten beim Einarbeiten besser auflösen.

3. Die Mischung erhitzen – sie muss so heiß sein, dass der Stabilisator sich vollständig auflöst. In manchen Fällen dient die Hitze auch zum besseren Herauslösen von Aromen oder zum Auflösen von Kakao, sodass er sich auf der Zunge nicht mehr pulvrig anfühlt. Bei den meisten Stabilisatoren (Johannisbrotkernmehl, Xanthan, Guarkernmehl, Gelatine, Agar-Agar etc.) sind 60 °C ausreichend. Wenn Stärke als Stabilisator verwendet wird, muss die Mischung allerdings bis zum Siedepunkt erhitzt werden.

4. Die Mischung abkühlen lassen und herunterkühlen, damit keine Energie verschwendet wird, weil die Eismaschine eine noch warme Eismasse gefrieren soll.

5. Weitere Zutaten, die nicht erhitzt werden müssen, einarbeiten, z. B. Früchte für ein Sorbet, Nusspaste, gemahlene Gewürze für eine Eiscreme.

6. Die Eismasse in die Eismaschine füllen, die sie rührt und gefriert.

Der letzte Schritt – das Gefrieren in der Eismaschine – erfordert etwas Aufmerksamkeit. Wir verwenden eine Maschine, die das Eis beim Gefrieren ständig rührt, um die Bildung großer Eiskristalle zu unterbinden. So bleiben die Kristalle sehr klein und das Eis erhält eine samtig-seidige Textur. Wird die Eismasse zu früh herausgenommen, ist noch Restflüssigkeit vorhanden, die dann erst im Gefrierfach erstarrt und das Eis körnig macht. Daher sollte das Eis so lange gerührt werden, bis es relativ fest ist.

Zur Probe die Eismaschine anhalten und den Finger leicht in die Eismasse drücken. Wenn ein glänzender Abdruck bleibt, muss das Eis noch weiter verarbeitet werden. Wenn der Abdruck wie das restliche Eis matt ist, ist es ausreichend fest und gefroren.

Das Eis kann jetzt in die Gefrierdose mit Deckel umgefüllt werden. Die meisten Rezepte in diesem Buch ergeben etwa einen Liter Eis, was rund 15 Kugeln entspricht (je nach Größe) und für fünf bis acht Personen reicht. Manche Maschinen arbeiten relativ viel Luft in die Eismasse ein, weshalb Sie etwas mehr als einen Liter Eis erhalten (auch andere Variablen in den Rezepten können das Volumen beeinflussen). Um auf Nummer sicher zu gehen, verwenden Sie einen Behälter mit einem Fassungsvermögen von 1,5–2 Liter, und wenn Sie perfektionistisch veranlagt sind, stellen Sie das Gefäß schon ins Gefrierfach, solange das Eis zubereitet wird, damit das Eis nach der Fertigstellung nicht anschmilzt und Sie außerdem sicher sein können, dass das Gefäß auch Platz im Gefrierfach hat.

SERVIEREN
VON EIS

Für den ultimativen Genuss muss das Eis bei der richtigen Temperatur serviert werden. Ist es zu hart, lässt es sich nur schwer portionieren und genießen. Ist es zu weich, servieren Sie eher einen Eis-Shake. Wichtig ist, das frisch zubereitete Eis vor dem Servieren etwa 30 Minuten im Gefrierfach durchfrieren zu lassen, bis es fest genug zum Portionieren ist. Wenn das Eis länger als einige Stunden im Gefrierfach war und richtig fest ist, nehmen Sie es etwa 30 Minuten vor dem Servieren heraus, um es antauen zu lassen.

Im Straßenverkauf holt man sich Eis im Hörnchen oder Becher oder gönnt sich einen Eisbecher in der Eisdiele. Zu Hause wird Eis am besten in Dessertgläsern oder -schalen serviert, die im Gefrierfach gekühlt wurden.

Gelato wird in Italien häufig mit einem Spatel bearbeitet, ja fast massiert, um die Textur weiter zu verfeinern, bevor es mit demselben Spatel in ein Hörnchen gefüllt wird. Damit das funktioniert, muss der Spatel dieselbe Temperatur haben wie das Eis. Den Spatel also ins Eis drücken und einige Minuten drinstecken lassen. Wenn Sie lieber Eiskugeln mögen, was zu Hause praktischer ist, sollte der Eisportionierer etwas wärmer sein als das Eis, aber nicht heiß: Am besten in ein großes Glas mit kaltem Wasser stellen und nach jeder Kugel zum Säubern und Aufwärmen wieder eintauchen und abtropfen lassen.

In Italien wird Gelato gern mit Schlagsahne und eher selten mit einer Sauce serviert. Wenn Sie unbedingt eine Sauce dazu haben wollen, finden Sie auf Seite 232 ein Rezept (es gibt nur eine Sauce!). Am elegantesten ist es, nur eine Eissorte zu servieren, damit man sich auf ihre Aromen konzentrieren kann. Aber Sie können auch zwei oder (maximal) drei Geschmacksrichtungen servieren (ein paar gute Kombis finden Sie auf Seite 246–247).

ZUBEREITUNG VON SEMIFREDDO

Ein Semifreddo oder Parfait ist im Wesentlichen eine gefrorene Mousse. Wie Eis enthält es so viel Zucker, dass es auch im Gefrierfach noch etwas weich bleibt. Aber anders als Eis, das man *beim* Gefrieren rührt, wird ein Semifreddo *vor* dem Gefrieren gerührt.

Die meisten Semifreddi enthalten sowohl Schlagsahne als auch gekochte Baisermasse. Anders als Eis, das recht kompakt sein sollte, wird bei einem Semifreddo gezielt Luft eingearbeitet. Traditionell enthält ein Semifreddo auch Eiweiß, manchmal auch Eigelb, während die meisten Eissorten ohne Ei zubereitet werden.

Ein Semifreddo kann in Kugeln serviert werden, meistens wird es aber in Scheiben geschnitten. Außer einem Schneebesen braucht man auch keine anderen Gerätschaften. Es sollte weich, aber nicht schmelzend serviert werden – das Schmelzen sollte erst im Mund passieren.

So macht man Semifreddo:

1. Eine aromatische Grundmasse herstellen: eine flanartige Creme, ein Fruchtpüree oder eine Schokoladen- oder Nussmasse.

2. Sahne steif schlagen.

3. Eine gekochte Baisermasse zubereiten. Traditionell ist das ein italienisches Baiser. Dafür wird erhitzter Läuterzucker in Eischnee eingearbeitet. In diesem Buch empfehle ich allerdings eine Schweizer Baisermasse, für die Eiweiß mit Zucker erhitzt und dann steif geschlagen wird. Dafür ist weder ein Zuckerthermometer noch viel Erfahrung notwendig.

4. Die schaumige Masse unter die Grundmasse heben.

5. Die Masse in eine Form füllen. Die Form kann mit Backpapier oder Frischhaltefolie ausgekleidet werden, damit sich das Semifreddo leichter herauslösen lässt.

6. Gefrieren.

7. Das Semifreddo im Kühlschrank antauen lassen, dann servieren.

SERVIEREN
VON SEMIFREDDO

Ein Semifreddo kann wie Eiscreme in Kugeln serviert oder, wie es eigentlich üblicher ist, aus der Form gestürzt und dann in Scheiben geschnitten werden. Damit sich das Semifreddo leichter stürzen lässt, sollte die Form mit Backpapier oder Frischhaltefolie ausgekleidet werden. Alternativ die Form leicht anwärmen, das heißt einige Sekunden in warmes Wasser halten. Dann auf eine Platte stürzen, kräftig draufklopfen, die Form abnehmen und gegebenenfalls Backpapier oder Folie abziehen.

Sie können das Semifreddo pur oder mit Schlagsahne servieren. Nach Belieben kann es auch verziert werden, z. B. mit rohen oder pochierten Früchten, aber das ist eigentlich nicht nötig.

Zum Anschneiden am besten ein Messer mit glatter Klinge verwenden, das nach jedem Schnitt in eine Schüssel heißes Wasser getaucht und mit einem feuchten Tuch abgewischt wird (ein guter Tipp für alle Mousses und Eistorten).

ZUBEREITUNG VON GRANITA

Granitas sind Eis-Slushes – halbflüssig und sehr erfrischend. Sie können als Dessert, als Sommergetränk oder aber mit Alkohol versetzt als Cocktail serviert werden. Granitas werden nicht so kalt wie Eiscreme oder Semifreddo serviert und sind daher stärker angetaut. Sie enthalten so viel Zucker, dass sie auch bei Temperaturen unter null nicht ganz fest werden und immer noch recht süß schmecken. Es gibt verschiedene Herstellungsmethoden:

1. Eis zerstoßen und Sirup darübergießen (in Italien als Grattachecca bekannt).

2. Gefrorene Früchte mit Wasser und Zucker pürieren.

3. Einen gesüßten Fruchtsaft herstellen und

- als Würfel gefrieren, dann mit einer Gabel abschaben oder im Mixer zerkleinern oder

- in einer großen Form gefrieren und dabei immer wieder rühren, um die Bildung zu großer Eiskristalle zu verhindern (ergibt eine grobkörnigere Granita) oder

- in einer Eismaschine oder Slush-Maschine zubereiten (ergibt eine feinkörnige Granita).

Egal welche Methode Sie anwenden, das Ergebnis ist eine Mischung aus Eiskristallen und Zuckerlösung, die beide aromatisiert sind. Mit manchen Methoden erhält man kleinere Kristalle (Mixen oder Eismaschine), mit anderen wird es eine eher grobkörnige Mischung (Schaben oder Zubereitung in einer großen Form). Auch die Grundmasse kann nach Belieben hergestellt werden, und Sie können auch andere Gefriermethoden verwenden als im Rezept angegeben.

SERVIEREN VON GRANITA

Lassen Sie die Grundmasse antauen und mixen Sie sie kurz durch. Serviert wird normalerweise immer nur eine Granita-Sorte in Bechern oder Gläsern, die vorher im Gefrierfach heruntergekühlt wurden. Man kann aber auch zwei Sorten schichten oder eine Kugel Eis auf einen Becher Granita setzen. Wer möchte, gibt noch einen Schuss Alkohol darüber oder einen Löffel Schlagsahne. Auf Sizilien wird feinkörnige Granita, die einem Sorbet sehr nahekommt, sogar in einem warmen Briochebrötchen zum Frühstück serviert.

EISCREME, SEMIFREDDO & GRANITA

FIOR DI LATTE

Fior di Latte ist eine Eissorte, die man in Italien in jeder guten Gelateria findet. Vanille-Eis wird dagegen, anders als nördlich der Alpen, selten angeboten. Unter der großen Auswahl an klassischen Sorten ist Fior di Latte in Italien die Königin.

Ein gutes Fior-di-Latte-Eis hat das reine Aroma guter Milch und denselben erfrischenden, reinigenden Effekt wie ein Glas kalte Milch. Es wird für einen Affogato (siehe Seite 214) verwendet oder mit frischen Beeren oder Beerenkompott serviert und passt außerdem zu fast allen anderen Eissorten. Fior-di-Latte-Eis ist schlicht, aber elegant und erlesen und immer ein guter Begleiter.

Ergibt etwa 1 Liter/15 Kugeln

Für die Eisbasis (ergibt 800 ml)
130 g Zucker
40 g Magermilchpulver
Stabilisator: 1 gestrichener TL Johannisbrotkernmehl oder 2 EL Stärke (Pfeilwurzstärke oder Speisestärke)
640 ml Vollmilch
40 g Glukosesirup oder -pulver oder flüssiger heller Honig

Für das Fior-di-Latte-Eis
250 g Crème double

Für die Eisbasis

1. Zucker, Milchpulver und Stabilisator in einer kleinen Schüssel sorgfältig mischen.

2. Milch und Glukose oder Honig in einen Topf füllen und bis knapp unter den Siedepunkt erhitzen.

3. Die Zuckermischung unter ständigem Rühren in die heiße Milch streuen. Weiterrühren, bis die Mischung zu köcheln beginnt, dann vom Herd nehmen.

4. Den Deckel aufsetzen, die Eisbasis erst auf Raumtemperatur abkühlen lassen und dann nach Belieben im Kühlschrank kalt stellen. (Diese Grundmasse hält sich bis zu 5 Tage, wenn sie nach dem Abkühlen sofort in den Kühlschrank gestellt wird.)

Für das Fior-di-Latte-Eis

1. Die Crème double sorgfältig in die Eisbasis rühren.

2. Die Eismasse in die Eismaschine füllen und gefrieren, bis sie fest ist.

3. Vor dem Servieren das Fior-di-Latte-Eis etwa 30 Minuten ins Gefrierfach stellen. Wenn es länger im Gefrierfach gelagert wurde und sehr fest ist, im Kühlschrank antauen lassen, bis es sich gut portionieren lässt.

RICOTTA

Ricotta ist ein quarkähnlicher Frischkäse aus Molke, die als Nebenprodukt bei der Käseproduktion anfällt. Die Molke wird durch Erhitzen dickgelegt, wodurch das lösliche Molkenprotein Albumin gerinnt und mit anderen Milchbestandteilen abgeschöpft werden kann. Ricotta aus Kuhmilch schmeckt sehr rein, aus Büffelmilch sehr cremig und feinsäuerlich und aus Schafsmilch ganz leicht nach Bauernhof und krautig.

Ich bevorzuge Ricotta aus Schafsmilch, der auch für die klassische Zubereitung von Cassata oder Cannoli (sehr aromatische Desserts) verwendet wird und ideal für dieses Eis ist. Dank des höheren Proteingehalts sorgt Schafsmilchricotta auch für etwas mehr Körper im Eis.

Ergibt etwa 1 Liter/15 Kugeln

Für die Ricotta-Basis (ergibt 1 Liter)

170 g Zucker
30 g Magermilchpulver
Stabilisator: 1 gestrichener TL Johannisbrotkernmehl oder 2 EL Stärke (Pfeilwurzstärke oder Speisestärke)
375 ml Vollmilch
50 g Glukosesirup oder -pulver oder flüssiger heller Honig
200 g Crème double
250 g Schafsmilchricotta
1–2 Tropfen Bittermandelaroma (nach Belieben)

Für die Ricotta-Basis

1. Zucker, Milchpulver und Stabilisator in einer kleinen Schüssel sorgfältig mischen.

2. Milch und Glukose oder Honig in einen Topf füllen und bis knapp unter den Siedepunkt erhitzen.

3. Die Zuckermischung unter ständigem Rühren in die heiße Milch streuen. Weiterrühren, bis die Mischung zu köcheln beginnt, dann vom Herd nehmen.

4. Die Crème double sorgfältig in die Grundmasse rühren und auf etwa 50 °C abkühlen lassen (gerade noch zu heiß, um den Finger hineinzuhalten).

5. Ricotta und, falls verwendet, Bittermandelaroma sorgfältig unterrühren.

6. Den Deckel aufsetzen, die Ricotta-Basis erst auf Raumtemperatur abkühlen lassen und dann nach Belieben im Kühlschrank kalt stellen. (Diese Grundmasse hält sich bis zu 5 Tage, wenn sie nach dem Abkühlen sofort in den Kühlschrank gestellt wird.)

Für das Ricotta-Eis

1. Die Eismasse in die Eismaschine füllen und gefrieren, bis sie fest ist.

2. Vor dem Servieren das Ricotta-Eis etwa 30 Minuten ins Gefrierfach stellen. Wenn es länger im Gefrierfach gelagert wurde und sehr fest ist, im Kühlschrank antauen lassen, bis es sich gut portionieren lässt.

TIPP: Ricotta-Eis schmeckt besonders lecker mit einem Topping, z. B. Raspelschokolade, kandierten Früchten, gehackten Nüssen, frischen Beeren oder Beerenkompott etc.

MANDEL

Die Aromen von Mandeln wecken in uns Bilder von wärmenden Sonnenstrahlen im Frühling und zart blühenden Mandelbäumen in südlichen Gefilden. Wenn man Mandeln zu einem Sorbet (oder zu einer Granita, siehe Seite 48) verarbeitet, entfalten sie ihr ganzes frisches Potenzial.

Mandeln sind verwandt mit Steinobst wie Aprikosen, Pfirsichen, Nektarinen, Pflaumen und Kirschen. Bittermandeln, die hier auch verwendet werden, bekommt man in Apotheken und Reformhäusern. Sie können aber auch zu Bittermandelaroma greifen. Das Eis selbst passt ganz wunderbar zu Steinobst in jeder Form, ob gegrillt, als Kompott oder ebenfalls zu Eis verarbeitet.

Ergibt etwa 1 Liter/15 Kugeln

Für den Sorbetsirup (ergibt 400 ml)

125 g Zucker
Stabilisator: 1 gestrichener TL Johannisbrotkernmehl oder 2 EL Stärke (Pfeilwurzstärke oder Speisestärke)
225 ml Wasser
50 g Glukosesirup oder -pulver oder flüssiger heller Honig

Für das Mandeleis

200 g Süßmandelkerne (nach Belieben blanchiert oder unblanchiert)
55 g Zucker
400 ml Wasser
2–3 Tropfen Bittermandelaroma (oder 2 TL Aprikosen- oder Bittermandelkerne, mit den Süßmandelkernen gemahlen)

Für den Sorbetsirup

1. Zucker und Stabilisator in einer kleinen Schüssel sorgfältig mischen.

2. Wasser und Glukose oder Honig in einen Topf füllen und bis knapp unter den Siedepunkt erhitzen.

3. Die Zuckermischung unter ständigem Rühren in das heiße Wasser streuen. Weiterrühren, bis die Mischung zu köcheln beginnt, dann vom Herd nehmen.

4. Den Sirup lauwarm abkühlen lassen (hält sich auch bis zu 1 Woche im Kühlschrank).

Für das Mandeleis

1. Süßmandeln und Zucker mit der Hälfte des Wassers gut 5 Minuten im Mixer mahlen, bis eine Paste entstanden ist. (Falls verwendet, hier auch die Aprikosen- oder Bittermandelkerne mit verarbeiten.)

2. Bei laufendem Motor nach und nach das restliche Wasser hinzugießen. Immer wenn die Masse so eingedickt ist, dass der Mixer Schwierigkeiten hat, sie zu verarbeiten, etwas Wasser hinzufügen.

3. Die Masse nach Belieben durch ein feines Sieb in eine Schüssel passieren (empfohlen, wenn unblanchierte Mandelkerne verwendet werden) und sorgfältig ausdrücken, damit möglichst viel cremige Mandelmasse extrahiert wird. Die Siebrückstände entsorgen.

4. Sorbetsirup und, falls verwendet, Bittermandelaroma in die Mandelmasse rühren.

5. Die Eismasse in die Eismaschine füllen und gefrieren, bis sie fest ist.

6. Vor dem Servieren das Mandeleis etwa 30 Minuten ins Gefrierfach stellen. Wenn es länger im Gefrierfach gelagert wurde und sehr fest ist, im Kühlschrank antauen lassen, bis es sich gut portionieren lässt.

JOGHURT

Warum glauben immer noch viele, dass Frozen Yogurt gesünder ist als Eis, wenn doch das Gleiche drinsteckt? Wenn Sie Naturjoghurt pur einfrieren, haben Sie vielleicht ein paar gesunde Milchsäurebakterien mehr, aber ansonsten sind Frozen Yogurt und Joghurteis gleich gut: Beide enthalten Milch, die Nährstoffe für die Knochen liefert, und Zucker, der irgendwie gut fürs Gemüt ist.

Wie bei den meisten Dingen sollte man natürlich auch Eis nur in Maßen genießen. Meine diversen Versuche, zu viel Eis zu essen, sind bislang immer gescheitert. Seien Sie also nicht allzu besorgt.

Ergibt etwa 1 Liter/15 Kugeln

Für den Sorbetsirup (ergibt 400 ml)
125 g Zucker
Stabilisator: 1 gestrichener TL Johannisbrotkernmehl oder 2 EL Stärke (Pfeilwurzstärke oder Speisestärke)
225 ml Wasser
50 g Glukosesirup oder -pulver der flüssiger heller Honig

Für das Joghurteis
600 g griechischer Joghurt
25 g Zucker

Für den Sorbetsirup

1. Zucker und Stabilisator in einer kleinen Schüssel sorgfältig mischen.

2. Wasser und Glukose oder Honig in einen Topf füllen und bis knapp unter den Siedepunkt erhitzen.

3. Die Zuckermischung unter ständigem Rühren in das heiße Wasser streuen. Weiterrühren, bis die Mischung zu köcheln beginnt, dann vom Herd nehmen.

4. Den Sirup lauwarm abkühlen lassen (hält sich auch bis zu 1 Woche im Kühlschrank).

Für das Joghurteis

1. Joghurt, Zucker und Sorbetsirup in einer Schüssel glatt verrühren.

2. Die Eismasse in die Eismaschine füllen und gefrieren, bis sie fest ist.

3. Vor dem Servieren das Joghurteis etwa 30 Minuten ins Gefrierfach stellen. Wenn es länger im Gefrierfach gelagert wurde und sehr fest ist, im Kühlschrank antauen lassen, bis es sich gut portionieren lässt.

JOGHURT & ZITRONENGRAS

Zitronengras als Zutat für Eis mag exotisch erscheinen, zumal ich mich bei meinen Gelati auf Aromen konzentriere, die zumindest irgendwo in Italien eine lange Tradition in der Zubereitung von Speiseeis haben. Aber eigentlich stammen viele Zutaten, die als typisch italienisch gelten, wie Polenta, Tomaten, Paprika, Kartoffeln, Auberginen, Mandeln und Zitrusfrüchte, von anderen Kontinenten. Zitronengras ist eine tolle Zutat und verdient daher auch einen Platz in jeder Gelateria.

Zitronengras passt, warum auch immer, hervorragend zu Joghurt. Ich kann mich nicht erinnern, was mich dazu gebracht hat, diese Kombination auszuprobieren, aber das Ergebnis ist großartig.

Ergibt etwa 1 Liter/15 Kugeln

Für den Sorbetsirup (ergibt 400 ml)
125 g Zucker
Stabilisator: 1 gestrichener TL Johannisbrotkernmehl oder 2 EL Stärke (Pfeilwurzstärke oder Speisestärke)
225 ml Wasser
50 g Glukosesirup oder -pulver oder flüssiger heller Honig

Für das Joghurt-Zitronengras-Eis
4 Stängel Zitronengras, in feine Ringe geschnitten
200 g Crème double
25 g Zucker
450 g griechischer Joghurt

Für den Sorbetsirup

1. Zucker und Stabilisator in einer kleinen Schüssel sorgfältig mischen.

2. Wasser und Glukose oder Honig in einen Topf füllen und bis knapp unter den Siedepunkt erhitzen.

3. Die Zuckermischung unter ständigem Rühren in das heiße Wasser streuen. Weiterrühren, bis die Mischung zu köcheln beginnt, dann vom Herd nehmen.

4. Den Sirup lauwarm abkühlen lassen (hält sich auch bis zu 1 Woche im Kühlschrank).

Für das Joghurt-Zitronengras-Eis

1. Zitronengras, Crème double, Zucker und Sorbetsirup in einem Topf verrühren.

2. Die Mischung auf 70 °C erhitzen und 15 Minuten bei dieser Temperatur ziehen lassen. Dann durch ein feines Sieb in eine Schüssel passieren und abkühlen lassen. Die Siebrückstände entsorgen.

3. Den Joghurt sorgfältig unterrühren.

4. Die Eismasse in die Eismaschine füllen und gefrieren, bis sie fest ist.

5. Vor dem Servieren das Joghurt-Zitronengras-Eis etwa 30 Minuten ins Gefrierfach stellen. Wenn es länger im Gefrierfach gelagert wurde und sehr fest ist, im Kühlschrank antauen lassen, bis es sich gut portionieren lässt.

WEISSE SCHOKOLADE & LAVENDEL

Milch ist die Nemesis der Schokolade – ihre Zerstörerin. Warum es Butter nicht ist, habe ich noch nicht ganz verstanden. Aber Sahne und Milch verändern Farbe, Geschmack und Charakter von Schokolade wirklich sehr stark. In weißer Schokolade hat Milch ihre schokoladige Partnerin schon vollständig verändert. Das Ergebnis ist für mich ähnlich wie gesüßte Kondensmilch: süß und tröstlich.

Weiße Schokolade ist eine wunderbare Grundlage für florale Aromen. In diesem Rezept wird das Eis mit Lavendel aromatisiert. Sie können stattdessen auch einen Spritzer Orangenblüten- oder Rosenwasser hinzufügen oder Rosmarinzweige oder eine Vanillestange in der Eisbasis ziehen lassen. Weiße Schokolade ist bestens geeignet für Eiscreme-Aromen, mit denen es sonst nur fetthaltigere Grundmassen aufnehmen könnten.

Ergibt etwa 1 Liter/15 Kugeln

Für die Eisbasis (ergibt 800 ml)
130 g Zucker
40 g Magermilchpulver
Stabilisator: 1 gestrichener TL Johannisbrotkernmehl oder 2 EL Stärke (Pfeilwurzstärke oder Speisestärke)
640 ml Vollmilch
40 g Glukosesirup oder -pulver oder flüssiger heller Honig

Für das Weiße-Schokolade-Lavendel-Eis
etwa 15 frische oder getrocknete Lavendelblütenstängel oder etwa 4 Tropfen Lavendelöl
200 g weiße Schokolade, fein gehackt

Für die Eisbasis

1. Zucker, Milchpulver und Stabilisator in einer kleinen Schüssel sorgfältig mischen.

2. Milch und Glukose oder Honig in einen Topf füllen und bis knapp unter den Siedepunkt erhitzen.

3. Die Zuckermischung unter ständigem Rühren in die heiße Milch streuen. Weiterrühren, bis die Mischung zu köcheln beginnt, dann vom Herd nehmen.

4. Das Eis zubereiten, solange die Eisbasis noch heiß ist. (Sie können die Eisbasis auch im Voraus zubereiten und kalt stellen, müssen sie dann aber vor der Weiterverarbeitung wieder aufwärmen.)

Für das Weiße-Schokolade-Lavendel-Eis

1. Den Lavendel in die heiße Eisbasis geben und bei 70 °C ziehen lassen. Dabei alle paar Minuten probieren und den Lavendel entfernen, sobald die Aromen intensiv genug sind. Bei der Verwendung von Lavendelöl das Öl tropfenweise in die Eisbasis rühren und nach jedem Tropfen prüfen, ob das Aroma stark genug ist.

2. Den Topf vom Herd nehmen und die Schokolade unter Rühren vollständig in der heißen Eisbasis schmelzen lassen. Den Deckel aufsetzen, die Eismasse erst auf Raumtemperatur abkühlen lassen, dann nach Belieben im Kühlschrank kalt stellen.

3. Die Eismasse in die Eismaschine füllen und gefrieren, bis sie fest ist. Vor dem Servieren das Eis 30 Minuten ins Gefrierfach stellen. Wenn es länger im Gefrierfach und sehr fest ist, im Kühlschrank antauen lassen, bis es portionierbar ist.

Varianten

- Weiße Schokolade & Vanille: 2 aufgeschlitzte Vanillestangen statt Lavendel in der Eisbasis ziehen lassen.
- Weiße Schokolade & Rosmarin: 5 frische Rosmarinzweige statt Lavendel in der Eisbasis ziehen lassen.
- Weiße Schokolade & Blütenwasser: 1 EL Orangenblüten-, Rosen- oder Jasminwasser statt Lavendel in die Eisbasis rühren.

REIS

Reis? Meine Gäste reagieren oft überrascht, wenn ich ihnen Reis-Gelato serviere. Aber es ist eine traditionelle Sorte, die – soweit ich weiß – in den 1950er- und 1960er-Jahren in Rom sehr beliebt war, als meine Großmutter Ginny über die Via Veneto stolzierte. In einigen älteren römischen Gelaterias kann man diese Sorte immer noch finden. Das Eis schmeckt ähnlich wie Milchreis und erhält durch die gefrorenen Reiskörner eine spannende Textur.

Ergibt etwa 1 Liter/15 Kugeln

Für die Eisbasis (ergibt 800 ml)
130 g Zucker
40 g Magermilchpulver
Stabilisator: 1 gestrichener TL Johannisbrotkernmehl oder 2 EL Stärke (Pfeilwurzstärke oder Speisestärke)
640 ml Vollmilch
40 g Glukosesirup oder -pulver oder flüssiger heller Honig

Für das Reis-Eis
50 g Rundkornreis
60 g Zucker
500 ml Wasser
3 EL gesüßte Kondensmilch
100 g Crème double

Zum Servieren (nach Belieben)
500 g Erdbeeren, geputzt und mit 1 EL Zucker bestreut
gemahlener Zimt, zum Bestäuben
150 g Sahne, mit 1 EL Zucker steif geschlagen

Für die Eisbasis

1. Zucker, Milchpulver und Stabilisator in einer kleinen Schüssel sorgfältig mischen.

2. Milch und Glukose oder Honig in einen Topf füllen und bis knapp unter den Siedepunkt erhitzen.

3. Die Zuckermischung unter ständigem Rühren in die heiße Milch streuen. Weiterrühren, bis die Mischung zu köcheln beginnt, dann vom Herd nehmen.

4. Den Deckel aufsetzen, die Eisbasis erst auf Raumtemperatur abkühlen lassen und dann nach Belieben im Kühlschrank kalt stellen. (Diese Grundmasse hält sich bis zu 5 Tage, wenn sie nach dem Abkühlen sofort in den Kühlschrank gestellt wird.)

Für das Reis-Eis

1. Reis, Zucker und Wasser in einen kleinen Topf geben.

2. Bei geschlossenem Deckel sehr sanft 1 Stunde köcheln lassen, bis der Reis sehr weich ist. Das Wasser sollte größtenteils absorbiert oder verdampft sein. Falls der Reis zu trocken wird, noch etwas Wasser hinzufügen.

3. Den Reis in ein feines Sieb geben, abtropfen und auf Raumtemperatur abkühlen lassen.

4. Reis, Kondensmilch und Crème double sorgfältig in die Eisbasis rühren.

5. Die Eismasse in die Eismaschine füllen und gefrieren, bis sie fest ist.

6. Vor dem Servieren das Reis-Eis etwa 30 Minuten ins Gefrierfach stellen. Wenn es länger im Gefrierfach gelagert wird und sehr fest ist, im Kühlschrank antauen lassen, bis es sich gut portionieren lässt. Nach Belieben mit Erdbeeren, Zimt und Schlagsahne servieren.

KOKOSNUSS

»COCO, CO-CO FRESCO, MENYEMENYEMENYEM!« So rufen die Kokosnussverkäufer, die den Strand von Sperlonga im Latium entlanggehen und frische Kokosnussstücke verkaufen, die in Weidenkörben unter Feigenblättern kühl gehalten werden.

Kokoseis ist ein tolles Sommereis und schmeckt super mit fruchtigen oder schokoladigen Eissorten. Weil Kokosnüsse von Natur aus viel Fett enthalten, lässt sich daraus ein köstliches Sorbet herstellen, das insbesondere jene mögen werden, die keine Milchprodukte essen (dürfen), sie aber manchmal vermissen.

Die Eisqualität hängt stark vom verwendeten Kokosfleisch ab – Kokosmilch aus der Dose ist kein adäquater Ersatz. Die hier gezeigte Methode ist etwas aufwendiger, da das frische Kokosfleisch mühsam fein gerieben werden muss. Und auch das Knacken der Kokosnuss, um überhaupt an das Fruchtfleisch zu kommen, kann eine Herausforderung sein. Aber der Aufwand lohnt sich!

Ergibt etwa 1 Liter/15 Kugeln

Für den Sorbetsirup (ergibt 400 ml)
125 g Zucker
Stabilisator: 1 gestrichener TL Johannisbrotkernmehl oder 2 EL Stärke (Pfeilwurzstärke oder Speisestärke)
225 ml Wasser
50 g Glukosesirup oder -pulver oder flüssiger heller Honig

Für das Kokoseis
2 mittelgroße oder 1 sehr große reife (braune) Kokosnuss (900 g brutto oder 475 g Fruchtfleisch)
1,2 Liter Wasser
1 EL Zucker

Für den Sorbetsirup

1. Zucker und Stabilisator in einer kleinen Schüssel sorgfältig mischen.

2. Wasser und Glukose oder Honig in einen Topf füllen und bis knapp unter den Siedepunkt erhitzen.

3. Die Zuckermischung unter ständigem Rühren in das heiße Wasser streuen. Weiterrühren, bis die Mischung zu köcheln beginnt, dann vom Herd nehmen.

4. Den Sirup lauwarm abkühlen lassen (hält sich auch bis zu 1 Woche im Kühlschrank).

Für das Kokoseis

1. Die Kokosnuss hat an einem Ende drei Augen (eine wahrhaft mystische Nuss), wovon eines weicher ist als die anderen. Dieses Auge einstechen und das Wasser in ein Glas ablaufen lassen – und trinken!

2. Um die Kokosnuss zu öffnen, die Nuss auf die Arbeitsfläche legen und mit einem schweren stumpfen Gegenstand (Hammer, Stößel oder Stein) rundum draufschlagen, bis die Schale aufplatzt. Das Fleisch in möglichst großen Stücken herauslösen (es ist einfacher, das Kokosfleisch zu reiben, wenn die Stücke größer sind). Die Kokosschale entsorgen.

3. Das Kokosfleisch fein reiben und in eine große Schüssel geben.

4. Das Wasser aufkochen und über das Kokosfleisch gießen.

5. Die Masse 10 Minuten ziehen lassen, dann – gegebenenfalls portionsweise – pürieren. Achtung, Spritzgefahr!

6. Ein feines Sieb mit Küchenmusselin oder einem sauberen Küchentuch auslegen und auf eine Schüssel setzen. Die Kokosmasse ins Sieb gießen.

7. Die Ecken des Tuchs zusammenfassen, verdrehen und die Kokosmasse gut ausdrücken – die letzten Tropfen sind die wichtigsten. Dabei Küchenhandschuhe tragen, damit Sie sich nicht die Hände verbrühen. Das ausgedrückte Kokosfleisch entweder zum Backen verwenden oder entsorgen.

8. Die Kokosmilch 30 Minuten stehen lassen, bis sich oben der Rahm absetzt. Den Rahm in einen Messbecher abschöpfen; es sollten sich etwa 400 ml ergeben. Mit Kokosmilch (die helle Flüssigkeit unter der Creme) auf 600 ml auffüllen.

9. Sorbetsirup und Zucker sorgfältig unterrühren.

10. Die Eismasse in die Eismaschine füllen und gefrieren, bis sie fest ist.

11. Vor dem Servieren das Kokoseis etwa 30 Minuten ins Gefrierfach stellen. Wenn es länger im Gefrierfach gelagert wurde und sehr fest ist, im Kühlschrank antauen lassen, bis es sich gut portionieren lässt.

TIPP: Die Eismasse kann abgedeckt bis zu 3 Tage im Kühlschrank aufbewahrt werden. Durch die Kühlung setzt sich der Rahm wieder an der Oberfläche ab, deshalb die Masse vor dem Gefrieren wieder glatt rühren.

MANDEL-GRANITA

Mandel-Granita ist so eine Sache, die man sich nur schwer vorstellen kann, ohne sie probiert zu haben. Sie ist herrlich erfrischend und superlecker und, wenn man sie das erste Mal probiert, eine echte Überraschung.

Ich glaube, dass ich deshalb eine große Schwäche für Mandel-Granita habe, weil mir meine Mutter früher immer Mandelmilch gemacht hat – nicht das Zeug, das es heute in jedem Supermarkt im Tetrapak gibt und das nur entfernt nach Milch schmeckt, sondern sie mixte ganze Mandeln mit etwas Zucker und Wasser und goss die Mischung dann durch ein Küchenmusselin, um eine Flüssigkeit auszupressen, die lecker nach Mandeln schmeckte. Ich weiß nicht, warum sie damit aufgehört hat – auch als Erwachsener braucht man Mandelmilch, oder? Diese Granita jedenfalls erinnert mich immer an unsere alte Küche.

Mandel-Granita kann eine braune Farbe mit leichten Röstaromen und bittersüßem Geschmack haben oder hell mit reinen, frischen Aromen sein. Hier finden Sie die Zubereitungsmethode für beide Versionen.

Ergibt etwa 1 Liter/Für 5–8 Portionen

Für die Mandel-Granita
200 g Mandelkerne (blanchiert oder unblanchiert)
5 g Bittermandeln oder Aprikosenkerne oder 1/2 TL Bittermandelaroma
200 g Zucker
600 ml Wasser

Für die Mandel-Granita

1. Für eine braune Granita die Hälfte der Mandeln im Backofen bei 180 °C etwa 30 Minuten dunkel rösten – sie sollen schon fast verbrannt aussehen. Für eine helle Granita die Mandeln nicht rösten.

2. Alle Mandeln mit Bittermandeln oder Aprikosenkernen oder Bittermandelaroma in den Mixer geben, Zucker und 300 ml Wasser hinzufügen und gut 5 Minuten zu einer Paste verarbeiten.

3. Bei laufendem Motor nach und nach das restliche Wasser hinzugießen, und zwar immer dann, wenn die Masse so eingedickt ist, dass der Mixer Schwierigkeiten hat, sie zu bewegen.

4. Die Masse nach Belieben durch ein feines Sieb in eine Schüssel passieren (vor allem empfehlenswert, wenn Sie nicht abgezogene Mandeln verwenden). Sorgfältig ausdrücken, damit möglichst viel cremige Mandelmasse extrahiert wird. Die Siebreste entsorgen.

5. Die Masse in eine breite Form füllen und ins Gefrierfach stellen. Sobald sie am Rand zu gefrieren beginnt, alle 10–15 Minuten mit einer Gabel oder einem Schneebesen verrühren, bis sie fast durchgefroren ist – das dauert etwa 4 Stunden. Die fertige Granita sollte noch etwas feucht und butterweich sein.

6. Wird die Granita nicht sofort serviert, im Gefrierfach lagern. 20 Minuten vor dem Servieren herausnehmen und mit einer Gabel durchrühren. (Die Serviergläser mindestens 20 Minuten vorher ins Gefrierfach stellen.)

ZITRONEN-GRANITA

Zitronen gehören zu den ganz wenigen Früchten, die das ganze Jahr über gut schmecken – mit einer kleinen Qualitätsspitze in den heißen Sommermonaten. Es ist nicht weiter verwunderlich, dass wir Zitronen vor allem im Hochsommer so mögen – sie sind einfach so erfrischend! Wer würde schon einer frisch gemixten Zitronenlimonade widerstehen wollen? Von der Zitronenlimo ist es nicht weit zur Zitronen-Granita. Für eine exklusive Erwachsenenversion lässt sie sich mit fast allen Spirituosen kombinieren, insbesondere mit Wodka, Gin oder Tequila.

Ergibt etwa 1 Liter/Für 5–8 Portionen

Für die Zitronen-Granita
400 ml frisch gepresster Zitronensaft (von etwa 8 Zitronen)
400 ml Wasser
240 g Zucker

Für die Zitronen-Granita

1. Zitronensaft und Wasser in einer Schüssel mischen. Den Zucker unterrühren, bis er sich vollständig aufgelöst hat.

2. Die Mischung in eine breite Form füllen und ins Gefrierfach stellen. Sobald sie am Rand zu gefrieren beginnt, alle 10–15 Minuten mit einer Gabel oder einem Schneebesen verrühren, bis sie fast vollständig durchgefroren ist – das dauert etwa 4 Stunden. Die fertige Granita sollte noch etwas feucht und slushig sein.

3. Wenn die Granita nicht sofort serviert wird, im Gefrierfach lagern. 20 Minuten vor dem Servieren herausnehmen und mit einer Gabel durchrühren. (Die Serviergläser mindestens 20 Minuten vorher ins Gefrierfach stellen.)

FEIGEN-BLATT

So wie frisch gemähtes Gras nach heimischem Sommer auf dem Land riecht, wird man durch den Duft von sonnengewärmten Feigenblättern sofort ans Mittelmeer versetzt. Dieses Aroma kann, ja, muss in Milch eingefangen und dann als Eiscreme oder Pannacotta (oder Pudding oder Bayerische Creme ...) zelebriert werden. Seien Sie vorsichtig bei der Ernte, denn die Feige schlägt zurück: Der milchige Blattsaft hat eine gerinnende Wirkung, und die Blätter schützen sich durch Bitterstoffe vor Schädlingen. Deshalb müssen sie in der Eisbasis heiß genug und lange genug ziehen, bis die Aromen herausgelöst sind, die Creme aber nicht gerinnt. Feigenblätter sind im Handel schwer, in Gärten aber leicht zu finden, und kaum einer wird Ihnen verbieten, einige Blätter abzupflücken – vorausgesetzt, Sie fragen vorher. Die Blätter sollten nach Möglichkeit mindestens handgroß und relativ jung, das heißt hellgrün sein – diese enthalten das meiste Aroma, die geringste gerinnende Wirkung und am wenigsten Bitterstoffe.

Ergibt etwa 1 Liter/15 Kugeln

Für die Eisbasis (ergibt 800 ml)
130 g Zucker
40 g Magermilchpulver
Stabilisator: 1 gestrichener TL Johannisbrotkernmehl oder 2 EL Stärke (Pfeilwurzstärke oder Speisestärke)
640 ml Vollmilch
40 g Glukosesirup oder -pulver oder flüssiger heller Honig

Für das Feigenblatteis
5 große Feigenblätter
250 g Crème double

Für die Eisbasis

1. Zucker, Milchpulver und Stabilisator in einer Schüssel gut mischen. Milch und Glukose oder Honig in einen Topf füllen und bis knapp unter den Siedepunkt erhitzen.

2. Die Zuckermischung unter ständigem Rühren in die heiße Milch streuen. Weiterrühren, bis die Mischung zu köcheln beginnt, dann vom Herd nehmen.

3. Das Eis zubereiten, solange die Eisbasis noch heiß ist. (Sie können die Eisbasis im Voraus zubereiten und kalt stellen, müssen sie dann aber wieder aufwärmen.)

Für das Feigenblatteis

1. Die Feigenblätter in die 70 °C heiße (oder gerade dampfende) Eisbasis geben und 15 Minuten ziehen lassen. Dabei alle paar Minuten probieren und die Blätter entfernen, sobald das Aroma intensiv genug ist. Auf keinen Fall zu lange ziehen lassen, sonst wird die Eisbasis bitter oder gerinnt.

2. Den Deckel aufsetzen und die Eisbasis erst auf Raumtemperatur abkühlen lassen und dann nach Belieben kalt stellen.

3. Die Crème double sorgfältig in die Eisbasis rühren. Die Eismasse in die Eismaschine füllen und gefrieren, bis sie fest ist.

4. Vor dem Servieren das Feigenblatteis etwa 30 Minuten ins Gefrierfach stellen. Wenn es länger im Gefrierfach gelagert wurde und sehr fest ist, im Kühlschrank antauen lassen, bis es sich gut portionieren lässt.

RICOTTA-BIRNEN-SEMIFREDDO

In Italien kennt fast jeder die berühmte Eistorte Ricotta e Pere, für die Haselnussböden mit einem Semifreddo aus Ricotta und Birnen zusammengesetzt werden. Die Tradition, Birnen mit Ricotta zu kombinieren, entstand vermutlich im Mittelalter an der Amalfiküste durch das Missgeschick eines tollpatschigen Kochs. Dass die Eistorte heute so allgegenwärtig ist, verdanken wir dem Konditor Salvatore De Riso aus dem kampanischen Minori, der gern in der Vergangenheit schwelgt.

Als Erstes wird der Tortenboden gebacken, und zwar in derselben Form, in der später das Semifreddo gefroren wird. Ich verwende dafür eine runde Kuchenform (22–24 cm Ø). Alternativ können Sie auch eine 2-Liter-Kastenform nehmen.

Für 12–14 Portionen

Für den Teigboden

180 g Haselnusskerne
4 Eier (Größe L), zimmerwarm
150 g Zucker
50 g Weizenmehl (Type 405), plus etwas zum Bestäuben
75 g Butter, zerlassen, aber nicht mehr heiß, plus etwas zum Einfetten

Für den Sirup

90 ml Wasser
90 g Zucker
90 ml Williams-Christ-Birnenbrand oder Kirschwasser oder 70 ml Wasser zusätzlich

Für das Ricotta-Birnen-Semifreddo

2 feste Birnen
Saft von 1/2 Zitrone
1 Vanillestange
225 g Zucker
450 g Schafsmilchricotta
300 g Sahne

Für den Teigboden

1. Den Backofen auf 200 °C (180 °C Umluft, Gas: Stufe 6) vorheizen. Die Kuchenform mit Backpapier auskleiden, mit Butter einfetten und mit Mehl bestäuben.

2. Die Haselnüsse auf einem Backblech verteilen und im vorgeheizten Ofen 15 Minuten goldbraun rösten.

3. Die gerösteten Haselnüsse fein mahlen.

4. Eier und Zucker in einer Schüssel mit dem Handrührgerät verquirlen, bis die Masse hell und schaumig ist und sich ihr Volumen verdreifacht hat.

5. Haselnüsse, Mehl und Butter unterheben.

6. Die Masse in die vorbereitete Form füllen und im vorgeheizten Ofen 25 Minuten backen.

7. Den Nussbiskuit in der Form abkühlen lassen, dann herausösen. Die Form spülen und abtrocknen.

Für den Sirup

1. Wasser und Zucker in einen kleinen Topf geben und sanft erhitzen, bis sich der Zucker aufgelöst hat.

2. Den Topf vom Herd nehmen und den Likör oder das zusätzliche Wasser unterrühren. Beiseitestellen.

Für das Ricotta-Birnen-Semifreddo

1. Die Birnen schälen, entkernen und in 1 cm große Würfel schneiden. Mit dem Zitronensaft beträufeln, damit sie nicht braun werden.

2. Die Vanillestange aufschlitzen und das Mark herauskratzen. Das Mark beiseitelegen.

3. Die Birnen mit 50 g Zucker und Vanillestange in einen kleinen Topf geben und bei mittlerer Hitze garen, bis die ganze Flüssigkeit verdampft ist. Abkühlen lassen.

4. Den Ricotta in einer Schüssel mit dem restlichen Zucker (175 g) und dem Vanillemark glatt verrühren.

5. Die Sahne steif schlagen und unter den Ricotta ziehen. Dann die abgekühlten Birnenwürfel unterheben.

Zum Zusammensetzen

1. Den Nussbiskuit horizontal in zwei Böden, den kastenförmigen in drei Böden teilen.

2. Die verwendete Kuchenform mit Backpapier oder Frischhaltefolie auskleiden.

3. Den unteren Teigboden in die Form setzen und mit der Hälfte oder einem Drittel des Sirups beträufeln. Mit der Ricotta-Creme (oder bei drei Teigböden: der Hälfte davon) bedecken. Den zweiten Teigboden daraufsetzen und erneut tränken.

4. Bei einer Kastenform den Vorgang mit der restlichen Ricotta-Creme, dem dritten Teigboden und dem restlichen Sirup wiederholen.

5. Abgedeckt mindestens 4 Stunden gefrieren, bis die Ricotta-Creme recht fest ist.

6. Falls die Masse ganz fest geworden ist, die Torte im Kühlschrank antauen lassen, bis sie halb gefroren, eben *semi-freddo* ist.

CANNOLO

Cannoli, eine Spezialität aus Sizilien, sind fettgebackene Teigröhren mit einer Füllung aus gesüßtem Ricotta, Schokolade, Pistazien und kandierten Früchten. Sie lassen sich aber auch prima mit Eiscreme füllen. Die leeren Teigröhren bekommt man im italienischen Supermarkt, oder backen Sie sie selbst (siehe Seite 204). Dieses Rezept zeigt, wie man Eis im Cannoli-Style zubereitet – mit Keksstückchen im Eis!

Ergibt etwa 1 Liter/15 Kugeln

Für die Ricotta-Basis (ergibt 1 Liter)

170 g Zucker
30 g Magermilchpulver
Stabilisator: 1 gestrichener TL Johannisbrotkernmehl oder 2 EL Stärke (Pfeilwurzstärke oder Speisestärke)
375 ml Vollmilch
50 g Glukosesirup oder -pulver oder flüssiger heller Honig
200 g Crème double
250 g Schafsmilchricotta
1–2 Tropfen Bittermandelaroma (nach Belieben)

Für das Cannolo-Eis

30 g Bitterschokolade (70 % Kakaoanteil), fein gehackt
30 g Pistazienkerne, fein gehackt
30 g Orangeat und/oder Zitronat, 5 mm groß gewürfelt
60 g Cannoli-Röhren (etwa 5 selbst gebackene; oder weniger, falls gekauft, da diese meist dicker sind), grob zerkrümelt

Für die Ricotta-Basis

1. Zucker, Milchpulver und Stabilisator in einer kleinen Schüssel sorgfältig mischen.

2. Milch und Glukose oder Honig in einen Topf füllen und bis knapp unter den Siedepunkt erhitzen.

3. Die Zuckermischung unter ständigem Rühren in die heiße Milch streuen. Weiterrühren, bis die Mischung zu köcheln beginnt, dann vom Herd nehmen.

4. Die Crème double unterrühren und die Mischung auf 50 °C abkühlen lassen (gerade noch zu heiß, um den Finger hineinzuhalten).

5. Ricotta und, falls verwendet, Bittermandelaroma sorgfältig unterrühren.

6. Den Deckel aufsetzen, die Ricotta-Basis erst auf Raumtemperatur abkühlen lassen und dann nach Belieben im Kühlschrank kalt stellen. (Diese Grundmasse hält sich bis zu 5 Tage, wenn sie nach dem Abkühlen sofort in den Kühlschrank gestellt wird.)

Für das Cannolo-Eis

1. Die Eismasse in die Eismaschine füllen und gefrieren, bis sie fest ist.

2. Inzwischen Schokolade, Pistazien und Orangeat/Zitronat mindestens 15 Minuten in den Kühlschrank oder ins Gefrierfach geben, bis sie schön kalt und hart sind.

3. Schokolade, Pistazien und Orangeat/Zitronat in die Eismasse einarbeiten.

4. Das Eis abwechselnd mit den Cannoli Krümeln in 2–3 Schichten in einen Gefrierbehälter füllen.

5. Vor dem Servieren das Cannolo-Eis etwa 30 Minuten ins Gefrierfach stellen. Wenn es länger im Gefrierfach gelagert wurde und sehr fest ist, im Kühlschrank antauen lassen, bis es sich gut portionieren lässt.

ZITRONE & ROSMARIN

Eigentlich kann man ein Zitronensorbet nicht verbessern. Aber Rosmarin macht definitiv etwas anderes Tolles daraus. Bei diesem Rezept funktionieren auch viele andere Kräuter – zum Beispiel Thymian, Salbei oder Basilikum –, um etwas Superleckeres in etwas Superraffiniertes zu verwandeln. Experimentieren Sie einfach ein bisschen! In diesem Fall darf man mit Lebensmitteln spielen.

Ergibt etwa 1 Liter/15 Kugeln

Für den Sorbetsirup (ergibt 400 ml)
125 g Zucker
Stabilisator: 1 gestrichener TL Johannisbrotkernmehl oder 2 EL Stärke (Pfeilwurzstärke oder Speisestärke)
225 ml Wasser
50 g Glukosesirup oder -pulver oder flüssiger heller Honig

Für das Zitrone-Rosmarin-Eis
250 ml frisch gepresster Zitronensaft (von 5–6 Zitronen)
80 g Zucker
300 ml Wasser
2 EL sehr fein gehackte frische Rosmarinnadeln

Für den Sorbetsirup

1. Zucker und Stabilisator in einer kleinen Schüssel sorgfältig mischen.

2. Wasser und Glukose oder Honig in einen Topf füllen und bis knapp unter den Siedepunkt erhitzen.

3. Die Zuckermischung unter ständigem Rühren in das heiße Wasser streuen. Weiterrühren, bis die Mischung zu köcheln beginnt, dann vom Herd nehmen.

4. Den Sirup lauwarm abkühlen lassen (hält sich auch bis zu 1 Woche im Kühlschrank).

Für das Zitrone-Rosmarin-Eis

1. Zitronensaft, Zucker, Wasser, Rosmarin und Sorbetsirup in einer Schüssel verrühren.

2. Die Mischung durch ein feines Sieb in eine zweite Schüssel gießen. Die Siebrückstände entsorgen.

3. Die Eismasse in die Eismaschine füllen und gefrieren, bis sie fest ist.

4. Vor dem Servieren das Zitrone-Rosmarin-Eis etwa 30 Minuten ins Gefrierfach stellen. Wenn es länger im Gefrierfach gelagert wurde und sehr fest ist, im Kühlschrank antauen lassen, bis es sich gut portionieren lässt.

Varianten

- Wenn Sie ein reines Zitronensorbet herstellen wollen, bereiten Sie dieses Rezept einfach ohne Rosmarin zu.
- Ersetzen Sie den Rosmarin durch dieselbe Menge gehackten frischen Salbei, Estragon, Basilikum oder Thymian.

CREMA

Grundlage für diese Eiscreme ist eine Konditorcreme (fälschlicherweise oft auch als Vanillepudding bezeichnet), und mit einem frisch zubereiteten Beerenkompott schmeckt sie phänomenal. Ähnlich wie Fior-di-Latte-Eis (siehe Seite 30) ist Crema-Eis das italienische Äquivalent von Vanille-Eis, und es ist nicht nur solo beliebt, sondern schmeckt auch wunderbar in Kombination mit anderen Eissorten und Süßspeisen.

Ergibt etwa 1 Liter/15 Kugeln

Für die Konditorcreme (ergibt knapp 1 Liter)

1 Vanillestange und/oder fein abgeriebene Schale von 1/3 Bio-Zitrone (nach Belieben)
600 ml Vollmilch
80 g Glukosesirup oder -pulver oder flüssiger heller Honig
110 g Zucker
60 g Magermilchpulver
Stabilisator: 1 gestrichener TL Johannisbrotkernmehl oder 2 EL Stärke (Pfeilwurzstärke oder Speisestärke)
6 Eigelb

Für die Konditorcreme

1. Sie können diese Creme mit Vanille oder Zitronenabrieb oder eben beidem aromatisieren. Falls verwendet, die Vanillestange aufschlitzen und das Mark herauskratzen.

2. Die Milch mit Glukose oder Honig und nach Belieben Vanillestange in einen Topf geben und sanft bis zum Siedepunkt erhitzen.

3. Inzwischen Zucker, Milchpulver, Vanillemark, falls verwendet, und Stabilisator in einer kleinen Schüssel sorgfältig mischen.

4. Die Milch sanft köcheln lassen. Die Zuckermischung unter ständigem Rühren in die heiße Milch streuen und erneut zum Köcheln bringen. Vom Herd nehmen und die Vanillestange, falls verwendet, herausnehmen.

5. Das Eigelb in einer großen Schüssel verquirlen und unter ständigem Rühren in die heiße Milch gießen. Die Temperatur sollte bei 75 °C liegen. Falls die Masse zu kalt ist, unter ständigem Rühren bis zur korrekten Temperatur erhitzen.

6. Vom Herd nehmen. Falls gewünscht, den Zitronenabrieb unterrühren.

7. Den Deckel aufsetzen, die Creme erst auf Raumtemperatur abkühlen lassen und dann nach Belieben im Kühlschrank kalt stellen. (Diese Grundmasse hält sich bis zu 5 Tage, wenn sie nach dem Abkühlen sofort in den Kühlschrank gestellt wird.)

Für das Crema-Eis

1. Die Konditorcreme in die Eismaschine füllen und gefrieren, bis sie fest ist.

2. Vor dem Servieren das Crema-Eis etwa 30 Minuten ins Gefrierfach stellen. Wenn es länger im Gefrierfach gelagert wurde und sehr fest ist, im Kühlschrank antauen lassen, bis es sich gut portionieren lässt.

Varianten

- Kompott: 100 g reife Früchte der Saison (Himbeeren, Brombeeren oder klein geschnittene Aprikosen, Pfirsiche oder Feigen etc.) mit 2 TL Wasser, 15 g Zucker und 15 g Glukosesirup oder -pulver oder flüssigem hellem Honig in einen Topf geben und kurz einkochen. Abkühlen lassen und kalt stellen. Das Kompott grob unter das Crema-Eis ziehen und dann in den Gefrierbehälter füllen.
- Gewürze: Die Vanille durch Kräuter und Gewürze ersetzen, zum Beispiel Lorbeerblatt, Muskatnuss, Zimt oder Sternanis.
- Zitrus: Die Zitronenschale durch Mandarinen- oder Orangenschale ersetzen oder durch Bittermandelaroma, Rosenwasser oder ein anderes Aroma.
- Beschwipst: Vor dem Gefrieren einen doppelten Schuss Whisky oder Rum oder 80 ml Marsala oder Sherry medium dry in die Eismasse rühren.

HOLUNDERBLÜTEN-GURKE-GIN-GRANITA

Es klingt etwas kurios, aber das hier ist eine sehr britische Granita: drei Aromageber, die alle geradezu nach »Queen and Country« schreien. Die Granita würde sich sehr gut zu Sandwich-Häppchen und einem Tässchen Tee mit Sahne machen und fällt ein wenig aus dem Rahmen. Aber warum auch nicht?

Ergibt etwa 1 Liter/Für 5–8 Portionen

Für die Holunderblüten-Gurke-Gin-Granita
4 große Salatgurken
100 ml Gin
75 ml Holunderblütensirup
180 g Zucker

Für die Holunderblüten-Gurke-Gin-Granita

1. Die Gurken waschen und samt Schale entsaften. Falls kein Entsafter vorhanden ist, die Gurken fein reiben oder pürieren und den Brei durch ein feines Sieb passieren oder in ein Küchenmusselin geben und sorgfältig ausdrücken.

2. Gurkensaft mit Gin, Holunderblütensirup und Zucker verrühren, bis sich der Zucker vollständig aufgelöst hat.

3. Die Mischung sollte 1 Liter ergeben. Falls nicht, mit Wasser auffüllen.

4. Die Masse in eine breite Form füllen und ins Gefrierfach stellen. Sobald sie am Rand zu gefrieren beginnt, alle 10–15 Minuten mit einer Gabel oder einem Schneebesen verrühren, bis sie fast vollständig durchgefroren ist – das dauert etwa 4 Stunden. Die Granita sollte noch etwas feucht und slushig sein.

5. Wenn die Granita nicht sofort serviert wird, im Gefrierfach lagern. 20 Minuten vor dem Servieren herausnehmen und mit einer Gabel durchrühren. (Die Serviergläser mindestens 20 Minuten vorher ins Gefrierfach stellen.)

PINIENKERNE & FENCHELSAMEN

Ich finde, dass das harzige Aroma von Pinienkernen prima zur Anisnote von Fenchelsamen passt. Stellen Sie sich einfach vor, Sie tauchten ein Pinienkernplätzchen in ein Glas Sambuca – lecker!

Für dieses Rezept werden die Pinienkerne nicht geröstet, damit sie ihr Aroma behalten und nicht so nussig schmecken. Achten Sie auf qualitativ hochwertige Ware für den optimalen Geschmack, schließlich brauchen Sie ja nicht viele Pinienkerne. Kaufen Sie die leckeren Kerne der Steinpinie *Pinus pinea*. Diese Bäume säumen die Straßen, die zur Ewigen Stadt führen, und sie gedeihen in Italien und Spanien schon seit mindestens 5000 Jahren. Ihre Kerne sind lang und schlank und haben ein ganz besonderes Aroma – kleinere, rundere Kerne stammen meist aus Asien und sind billiger, dafür fehlt es ihnen an dem harzigen Aroma, das dieses Eis auszeichnet.

Ergibt etwa 1 Liter/15 Kugeln

Für die Eisbasis (ergibt 800 ml)
130 g Zucker
40 g Magermilchpulver
Stabilisator: 1 gestrichener TL Johannisbrotkernmehl oder 2 EL Stärke (Pfeilwurzstärke oder Speisestärke)
640 ml Vollmilch
40 g Glukosesirup oder -pulver oder flüssiger heller Honig

Für das Pinienkern-Fenchel-Eis
2 TL Fenchelsamen
80 g Pinienkerne (längliche europäische Sorte)
200 g Crème double

Für die Eisbasis

1. Zucker, Milchpulver und Stabilisator in einer kleinen Schüssel sorgfältig mischen.

2. Milch und Glukose oder Honig in einen Topf füllen und bis knapp unter den Siedepunkt erhitzen.

3. Die Zuckermischung unter ständigem Rühren in die heiße Milch streuen. Weiterrühren, bis die Mischung zu köcheln beginnt, dann vom Herd nehmen.

4. Den Deckel aufsetzen, die Eisbasis erst auf Raumtemperatur abkühlen lassen und dann nach Belieben im Kühlschrank kalt stellen. (Diese Grundmasse hält sich bis zu 5 Tage, wenn sie nach dem Abkühlen sofort in den Kühlschrank gestellt wird.)

Für das Pinienkern-Fenchel-Eis

1. Die Fenchelsamen in einer kleinen Pfanne bei mittlerer Hitze oder im Backofen bei 180 °C trocken rösten, bis sie duften. Im Mörser grob zerstoßen.

2. Ich verwende lieber ungeröstete Pinienkerne, weil sie dann noch harzigere Aromen haben. Wenn Sie wollen, können Sie die Kerne aber auch kurz im Ofen rösten.

3. Die Crème double sorgfältig in die Eisbasis rühren.

4. Die Eismasse in die Eismaschine füllen und gefrieren.

5. Kurz bevor das Eis fertig ist, Fenchelsamen und Pinienkerne einarbeiten.

6. Vor dem Servieren das Pinienkern-Fenchel-Eis etwa 30 Minuten ins Gefrierfach stellen. Wenn es länger im Gefrierfach gelagert wurde und sehr fest ist, im Kühlschrank antauen lassen, bis es sich gut portionieren lässt.

SCHWARZE JOHANNISBEERE

Schwarze Johannisbeeren sind die intensivsten Beeren, sei es in Geschmack, Aroma oder Farbe. Vielleicht ist das der Grund, warum Weinkenner immer wieder Cassis-Vergleiche anstellen, um einen besonders fruchtigen Tropfen zu beschreiben.

Das Besondere an diesem Eis ist, dass nicht nur die Beeren, sondern auch die Blätter des Johannisbeerstrauchs verwendet werden, denn die haben es ebenfalls in sich – mit Aromen, die Johannisbeeren so anders machen als andere Beeren, vergleichbar mit Tomaten oder Feigen, deren Blätter ebenfalls intensiver duften als die Früchte selbst. Schwarze-Johannisbeer-Blätter ergeben einen ausgezeichneten Tee, sie eignen sich zum Aromatisieren der Milch für eine Pannacotta und machen sich ausgezeichnet in diesem Eis (für ein ganz weißes Eis können Sie die Beeren auch weglassen). Alles was Sie brauchen, ist ein Johannisbeerstrauch in Ihrem oder Nachbars Garten.

Ergibt etwa 1 Liter/15 Kugeln

Für das Schwarze-Johannisbeer-Kompott (siehe Tipp)
75 g Schwarze Johannisbeeren
15 g Zucker
15 g Glukosesirup oder -pulver oder flüssiger heller Honig
2 TL Wasser

Für die Eisbasis (ergibt 800 ml)
130 g Zucker
40 g Magermilchpulver
Stabilisator: 1 gestrichener TL Johannisbrotkernmehl oder 2 EL Stärke (Pfeilwurzstärke oder Speisestärke)
640 ml Vollmilch
40 g Glukosesirup oder -pulver oder flüssiger heller Honig

Für das Schwarze-Johannisbeer-Eis
2 Handvoll Schwarze-Johannisbeer-Blätter (etwa 20 Stück)
250 g Crème double

Für das Schwarze-Johannisbeer-Kompott

1. Die Johannisbeeren waschen, die Beeren abzupfen und mit Zucker, Glukose oder Honig und Wasser in einen kleinen Topf geben (oder in eine mikrowellengeeignete Schüssel, falls im nächsten Schritt die Mikrowelle eingesetzt wird).

2. Den Deckel aufsetzen und die Mischung bei niedriger Hitze 10 Minuten köcheln lassen (oder in der Mikrowelle bei kleiner bis mittlerer Wattzahl erhitzen), bis die Johannisbeeren zusammengefallen sind. Umrühren, abkühlen lassen und kalt stellen.

Für die Eisbasis

1. Zucker, Milchpulver und Stabilisator in einer kleinen Schüssel sorgfältig mischen.

2. Milch und Glukose oder Honig in einen Topf füllen und bis knapp unter den Siedepunkt erhitzen. Die Zuckermischung unter ständigem Rühren in die heiße Milch streuen. Weiterrühren, bis die Mischung zu köcheln beginnt, dann vom Herd nehmen.

3. Das Eis zubereiten, solange die Eisbasis noch heiß ist. (Sie können die Eisbasis im Voraus zubereiten und kalt stellen, müssen sie dann aber vor der Weiterverarbeitung wieder aufwärmen.)

Für das Schwarze-Johannisbeer-Eis

1. Die Johannisbeerblätter in die heiße Eisbasis geben und 15 Minuten bei 70 °C (dampfend heiß) ziehen lassen. Alle paar Minuten probieren und die Blätter entfernen, sobald die Aromen intensiv genug sind. Ziehen sie zu lang, wird die Eisbasis bitter.

2. Den Deckel aufsetzen, die Eisbasis erst auf Raumtemperatur abkühlen lassen und dann nach Belieben im Kühlschrank kalt stellen. (Diese Grundmasse hält sich im Kühlschrank bis zu 5 Tage.)

3. Die Eismasse in die Eismaschine füllen und gefrieren, bis sie fest ist. Das Eis in einen Gefrierbehälter geben und das Johannisbeerkompott grob unterziehen, bis ein marmorierter Effekt entsteht.

4. Vor dem Servieren das Schwarze-Johannisbeer-Eis etwa 30 Minuten ins Gefrierfach stellen. Wenn es länger im Gefrierfach gelagert wurde und sehr fest ist, im Kühlschrank antauen lassen, bis es gut portionierbar ist.

TIPP: Statt Johannisbeerkompott zuzubereiten, können Sie auch 100 g Schwarze-Johannisbeer-Konfitüre verwenden.

LIMETTEN-SHERBET

Dieses milchhaltige Sorbet funktioniert nicht nur mit Limetten, sondern auch mit anderen Zitrusfrüchten wie Zitronen, Orangen oder Bergamotten. Die Säure der Früchte wird durch die Milchprodukte abgemildert, doch Milch und Crème double können dadurch gerinnen. Beim Rühren und Gefrieren wird die Masse allerdings wieder homogen, sofern sie schnell in der Eismaschine landet. Denn je länger Sie die Mischung stehen lassen, desto fester werden die Gerinnungsklumpen.

Ergibt etwa 1 Liter/15 Kugeln

Für den Sorbetsirup (ergibt 400 ml)

125 g Zucker
Stabilisator: 1 gestrichener TL Johannisbrotkernmehl oder 2 EL Stärke (Pfeilwurzstärke oder Speisestärke)
225 ml Wasser
50 g Glukosesirup oder -pulver oder flüssiger heller Honig

Für das Limetten-Sherbet

200 g Crème double
200 ml Vollmilch
200 ml Limettensaft (von etwa 6 Früchten)
fein abgeriebene Schale von 2 Bio-Limetten
60 g Zucker

Für den Sorbetsirup

1. Zucker und Stabilisator in einer kleinen Schüssel sorgfältig mischen.

2. Wasser und Glukose oder Honig in einen Topf füllen und bis knapp unter den Siedepunkt erhitzen.

3. Die Zuckermischung unter ständigem Rühren in das heiße Wasser streuen. Weiterrühren, bis die Mischung zu köcheln beginnt, dann vom Herd nehmen.

4. Den Sirup lauwarm abkühlen lassen (hält sich auch bis zu 1 Woche im Kühlschrank).

Für das Limetten-Sherbet

1. Crème double, Milch und Sorbetsirup in eine Schüssel geben, dann Limettenabrieb und Zucker hinzufügen und gut verrühren.

2. Die Eismasse in die Eismaschine füllen und gefrieren, bis sie fest ist.

3. Vor dem Servieren das Limetten-Sherbet etwa 30 Minuten ins Gefrierfach stellen. Wenn es länger im Gefrierfach gelagert wurde und sehr fest ist, im Kühlschrank antauen lassen, bis es sich gut portionieren lässt.

Varianten

- Ersetzen Sie Limettensaft und -schalen durch dieselben Mengen von Zitronen, Bergamotten oder Orangen.

- Sie können dieses Sherbet auch mit einer Eisbasis (siehe Seite 238) zubereiten. Dabei den Sorbetsirup durch 500 ml Eisbasis ersetzen und die Menge von Crème double auf 150 g und von Vollmilch auf 150 ml reduzieren.

WHISKY & VANILLE

Egal ob Sie torfigen schottischen Single Malt, einen runden Bourbon oder einen würzigen Rye bevorzugen, Whisk(e)ys sind eine leckere, wenn auch nur für Erwachsene geeignete Zugabe für Eiscreme. Ich gebe gern noch Vanille dazu, sie rundet die vanilleartigen Noten der Eichenfässer, in denen der Whisky reift, ab und mildert das raue Aroma des Whiskys.

Ergibt etwa 1 Liter/15 Kugeln

Für die Eisbasis (ergibt 800 ml)
130 g Zucker
40 g Magermilchpulver
Stabilisator: 1 gestrichener TL Johannisbrotkernmehl oder 2 EL Stärke (Pfeilwurzstärke oder Speisestärke)
640 ml Vollmilch
40 g Glukosesirup oder -pulver oder flüssiger heller Honig

Für das Whisky-Vanille-Eis
250 g Crème double
100 ml Single Malt, Bourbon oder Rye Whisk(e)y
10 Tropfen Vanillearoma oder das Mark von 1 Vanillestange

Für die Eisbasis

1. Zucker, Milchpulver und Stabilisator in einer kleinen Schüssel sorgfältig mischen.

2. Milch und Glukose oder Honig in einen Topf füllen und bis knapp unter den Siedepunkt erhitzen.

3. Die Zuckermischung unter ständigem Rühren in die heiße Milch streuen. Weiterrühren, bis die Mischung zu köcheln beginnt, dann vom Herd nehmen.

4. Den Deckel aufsetzen, die Eisbasis erst auf Raumtemperatur abkühlen lassen und dann nach Belieben im Kühlschrank kalt stellen. (Diese Grundmasse hält sich bis zu 5 Tage, wenn sie nach dem Abkühlen sofort in den Kühlschrank gestellt wird.)

Für das Whisky-Vanille-Eis

1. Crème double, Whisky und Vanillearoma oder -mark sorgfältig in die Eisbasis rühren.

2. Die Eismasse in die Eismaschine füllen und gefrieren, bis sie fest ist.

3. Vor dem Servieren das Whisky-Vanille-Eis etwa 30 Minuten ins Gefrierfach stellen. Wenn es länger im Gefrierfach gelagert wurde und sehr fest ist, im Kühlschrank antauen lassen, bis es sich gut portionieren lässt.

PISTAZIE

Wenn man an italienisches Gelato denkt, kommt einem ziemlich schnell auch Pistazieneis in den Sinn, das zu den Aushängeschildern jeder guten Gelateria gehört, weil es so lecker und so besonders ist.

Der Reiz von wirklich gutem Pistazieneis liegt darin, dass es ausschließlich aus intensiv grünen Bronte-Pistazien zubereitet wird, die ein besonders feines Aroma besitzen. Sie gedeihen nur an der Ostküste Siziliens auf erkalteten Lavafeldern rund um die Ortschaft Bronte und sind deshalb ziemlich teuer. Viele »Pistazien«-Gelati werden deshalb mit Pasten aus Importware oder sogar aus grün gefärbten Mandeln und ein paar Anstandspistazien (um die Bezeichnung »Pistazieneis« zu rechtfertigen) hergestellt. Stellen Sie also lieber Ihr eigenes Eis aus einer fein gemahlenen, reinen Pistazienpaste her, die im Bioladen, Feinkostgeschäft oder online erhältlich ist. Wenn sie dann zu 100 % aus Bronte-Pistazien besteht – umso besser.

Ergibt etwa 1 Liter/15 Kugeln

Für die Eisbasis (ergibt 800 ml)
130 g Zucker
40 g Magermilchpulver
Stabilisator: 1 gestrichener TL Johannisbrotkernmehl oder 2 EL Stärke (Pfeilwurzstärke oder Speisestärke)
640 ml Vollmilch
40 g Glukosesirup oder -pulver oder flüssiger heller Honig

Für das Pistazieneis
125 g reine Pistazienpaste
15 g Zucker
1 kleine Prise Salz

Für die Eisbasis

1. Zucker, Milchpulver und Stabilisator in einer kleinen Schüssel sorgfältig mischen.

2. Milch und Glukose oder Honig in einen Topf füllen und bis knapp unter den Siedepunkt erhitzen.

3. Die Zuckermischung unter ständigem Rühren in die heiße Milch streuen. Weiterrühren, bis die Mischung zu köcheln beginnt, dann vom Herd nehmen.

4. Den Deckel aufsetzen, die Eisbasis erst auf Raumtemperatur abkühlen lassen und dann nach Belieben im Kühlschrank kalt stellen. (Diese Grundmasse hält sich bis zu 5 Tage, wenn sie nach dem Abkühlen sofort in den Kühlschrank gestellt wird.)

Für das Pistazieneis

1. Pistazienpaste, Zucker und Salz sorgfältig in die Eisbasis rühren.

2. Die Eismasse in die Eismaschine füllen und gefrieren, bis sie fest ist.

3. Vor dem Servieren das Pistazieneis etwa 30 Minuten ins Gefrierfach stellen. Wenn es länger im Gefrierfach gelagert wurde und sehr fest ist, im Kühlschrank antauen lassen, bis es sich gut portionieren lässt.

MINZE & STRACCIATELLA

Richtig gutes Minzeis, das wie eine erfrischende Brise und nicht nach Zahnpasta schmeckt, findet man nur in den allerbesten Eisdielen und Gelaterias. Es lässt sich aber sehr gut zu Hause zubereiten. Alles was Sie brauchen, ist frische Minze. Damit die Minze nicht im Eis oxidiert (braun wird), müssen die Blätter kurz blanchiert und abgeschreckt werden. So bleiben auch die Aromen erhalten. Bevor Sie also loslegen, bereiten Sie einen Topf mit kochendem Wasser und eine Schüssel Eiswasser vor.

Für den Stracciatella-Effekt wird zum Schluss flüssige Schokolade zum Eis in die Eismaschine gegossen, sodass feine, blättrige Schokostückchen entstehen. Wenn Sie reines Minze-Eis möchten, lassen Sie die Schokolade weg.

Ergibt etwa 1 Liter/15 Kugeln

Für die Eisbasis (ergibt 800 ml)
130 g Zucker
40 g Magermilchpulver
Stabilisator: 1 gestrichener TL Johannisbrotkernmehl oder 2 EL Stärke (Pfeilwurzstärke oder Speisestärke)
640 ml Vollmilch
40 g Glukosesirup oder -pulver oder flüssiger heller Honig

Für das Minze-Stracciatella-Eis
200 g frische Minze (2 sehr große Bunde)
150 g Crème double
50 g Dextrosepulver oder Puderzucker
45 g Bitterschokolade (70 % Kakaoanteil), gehackt
15 g Kakaobutter oder Kokosöl

Für die Eisbasis

1. Zucker, Milchpulver und Stabilisator in einer kleinen Schüssel sorgfältig mischen.

2. Milch und Glukose oder Honig in einen Topf füllen und bis knapp unter den Siedepunkt erhitzen.

3. Die Zuckermischung unter ständigem Rühren in die heiße Milch streuen. Weiterrühren, bis die Mischung zu köcheln beginnt, dann vom Herd nehmen.

4. Den Deckel aufsetzen, die Eisbasis erst auf Raumtemperatur abkühlen lassen und dann nach Belieben im Kühlschrank kalt stellen. (Diese Grundmasse hält sich bis zu 5 Tage, wenn sie nach dem Abkühlen sofort in den Kühlschrank gestellt wird.)

Für das Minze-Stracciatella-Eis

1. Einen Topf mit kochendem Wasser und eine Schüssel mit Eiswasser bereitstellen.

2. Die Minze (Blätter und Stängel) exakt 10 Sekunden im kochenden Wasser blanchieren, dann das Wasser abgießen und die Minze sofort im Eiswasser abschrecken.

3. Abtropfen lassen und trocken tupfen.

4. Die Minze mit Crème double, Dextrosepulver oder Puderzucker und Eisbasis fein mixen, bis die Masse schön grün ist.

5. Die Masse durch ein feines Sieb in eine Schüssel passieren und gut ausdrücken. Die Siebrückstände entsorgen.

6. Die Eismasse in die Eismaschine füllen und gefrieren, bis sie fest ist.

7. Inzwischen die Schokolade mit Kakaobutter oder Kokosöl über einem Wasserbad schmelzen und glatt verrühren. Bis knapp über Raumtemperatur abkühlen lassen.

8. Wenn die Eiscreme so fest ist, dass sie fertig gefroren aussieht, aber sich noch nicht am Rührblatt zusammenballt, die Schokolade bei laufendem Motor in einem dünnen Strahl in die Eismasse gießen. Durch das Rührwerk wird die Schokolade beim Erstarren in kleine Stücke gebrochen. Je dünner der Strahl, desto feiner die Schokostücke.

9. Vor dem Servieren das Minze-Stracciatella-Eis etwa 30 Minuten ins Gefrierfach stellen. Wenn es länger im Gefrierfach gelagert wurde und sehr fest ist, im Kühlschrank antauen lassen, bis es sich gut portionieren lässt.

Varianten

- Die Minze kann durch dieselbe Menge Koriandergrün ersetzt werden. Verwenden Sie in diesem Fall für den Stracciatella-Effekt Milchschokolade anstelle der Bitterschokolade.
- Die Minze kann durch die halbe Menge Basilikum und die Bitterschokolade durch weiße ersetzt werden.
- Ein reines Minze-Eis ist ebenfalls sehr lecker. Lassen Sie die Schokolade weg.

RICOTTA, PFEFFER & SCHOKOLADE

Es war mit ziemlicher Sicherheit im Latium oder in Apulien, vielleicht auch in Kampanien oder sogar auf Sizilien? Ich kann mich zwar noch genau an das Dessert, das Glas, in dem es daherkam, und den Löffel, den ich abgeschleckt habe, erinnern, aber beim besten Willen nicht mehr an das Restaurant.

Was ich noch weiß, ist, dass es mich bei der Vorstellung einer Ricotta-Mousse (ich hasse Mousse) mit Schokoladensauce (sie konnte nur pappsüß sein) und schwarzem Pfeffer (was für ein Chichi) schüttelte, aber der Kellner konnte mich überzeugen, und ich bin ihm bis heute dankbar. Das Dessert war superlecker und inspiriert mich bis heute. Hier ist es also, aber eben als Eis.

Ergibt etwa 1 Liter/15 Kugeln

Für die Ricotta-Basis (ergibt 1 Liter)

170 g Zucker
30 g Magermilchpulver
Stabilisator: 1 gestrichener TL Johannisbrotkernmehl oder 2 EL Stärke (Pfeilwurzstärke oder Speisestärke)
375 ml Vollmilch
50 g Glukosesirup oder -pulver oder flüssiger heller Honig
200 g Crème double
250 g Schafsmilchricotta
1–2 Tropfen Bittermandelaroma (nach Belieben)

Für den Pfeffer-Schokoladen-Sirup

30 g Zucker
30 ml Wasser
15 g Kakaopulver
1 gehäufter TL frisch gemahlener schwarzer Pfeffer

Für die Ricotta-Basis

1. Zucker, Milchpulver und Stabilisator in einer kleinen Schüssel sorgfältig mischen.

2. Milch und Glukose oder Honig in einen Topf füllen und bis knapp unter den Siedepunkt erhitzen.

3. Die Zuckermischung unter ständigem Rühren in die heiße Milch streuen. Weiterrühren, bis die Mischung zu köcheln beginnt, dann vom Herd nehmen.

4. Die Crème double sorgfältig unterrühren und die Masse auf etwa 50 °C abkühlen lassen (gerade noch zu heiß, um den Finger hineinzuhalten).

5. Ricotta und, falls verwendet, Bittermandelaroma unterrühren.

6. Den Deckel aufsetzen, die Ricotta-Basis erst auf Raumtemperatur abkühlen lassen und dann nach Belieben im Kühlschrank kalt stellen. (Diese Grundmasse hält sich bis zu 5 Tage, wenn sie nach dem Abkühlen sofort in den Kühlschrank gestellt wird.)

Für den Pfeffer-Schokoladen-Sirup

1. Zucker, Wasser, Kakao und Pfeffer in einen kleinen Topf geben (oder in eine mikrowellengeeignete Schüssel, wenn für den nächsten Schritt die Mikrowelle eingesetzt wird).

2. Die Mischung bei niedriger Hitze bis zum Siedepunkt erhitzen (oder in der Mikrowelle bei kleiner Wattzahl).

3. Abkühlen lassen und bis zum Gebrauch kalt stellen.

Für das Ricotta-Pfeffer-Schoko-Eis

1. Die Eismasse in die Eismaschine füllen und gefrieren, bis sie fest ist.

2. Das Eis in einen Gefrierbehälter füllen und den Sirup grob unterziehen, sodass ein marmorierter Effekt entsteht.

3. Vor dem Servieren das Ricotta-Pfeffer-Schoko-Eis etwa 30 Minuten ins Gefrierfach stellen. Wenn es länger im Gefrierfach gelagert wurde und sehr fest ist, im Kühlschrank antauen lassen, bis es sich gut portionieren lässt.

FRÜCHTE-BROT

Das gute alte Früchtebrot mit reichlich getrockneten, kandierten Früchten und Nüssen ist irgendwie wie die liebe Verwandtschaft – am besten nur in kleinen Dosen. Diese leckere Eiscreme ist gespickt mit kleinen Früchtebrotstücken und sehr üppig. Es ist eine fantastische Alternative zu besagtem Kuchen oder als Begleitung dazu und zudem eine praktische Möglichkeit, die unvermeidlichen Kuchenreste nach Weihnachten zu verwerten.

Ergibt etwa 1 Liter/15 Kugeln

Für die Eisbasis (ergibt 800 ml)
130 g Zucker
40 g Magermilchpulver
Stabilisator: 1 gestrichener TL Johannisbrotkernmehl oder 2 EL Stärke (Pfeilwurzstärke oder Speisestärke)
640 ml Vollmilch
40 g Glukosesirup oder -pulver oder flüssiger heller Honig

Für das Früchtebroteis
150 g Crème double
2–3 Tropfen Bittermandelaroma
180 g Früchtebrot (mit vielen Früchten und Nüssen), in 7–10 mm große Würfel geschnitten, gekühlt

Für die Eisbasis

1. Zucker, Milchpulver und Stabilisator in einer kleinen Schüssel sorgfältig mischen.

2. Milch und Glukose oder Honig in einen Topf füllen und bis knapp unter den Siedepunkt erhitzen.

3. Die Zuckermischung unter ständigem Rühren in die heiße Milch streuen. Weiterrühren, bis die Mischung zu köcheln beginnt, dann vom Herd nehmen.

4. Den Deckel aufsetzen, die Eisbasis erst auf Raumtemperatur abkühlen lassen und dann nach Belieben im Kühlschrank kalt stellen. (Diese Grundmasse hält sich bis zu 5 Tage, wenn sie nach dem Abkühlen sofort in den Kühlschrank gestellt wird.)

Für das Früchtebroteis

1. Crème double und Bittermandelaroma sorgfältig in die Eisbasis rühren.

2. Die Eismasse in die Eismaschine füllen und gefrieren, bis sie fest ist.

3. Das Eis in einen Gefrierbehälter füllen und die Früchtebrotwürfel gut unterziehen.

4. Vor dem Servieren das Früchtebroteis etwa 30 Minuten ins Gefrierfach stellen. Wenn es länger im Gefrierfach gelagert wurde und sehr fest ist, im Kühlschrank antauen lassen, bis es sich gut portionieren lässt.

FÜRST-PÜCKLER-SEMIFREDDO

Wer kennt nicht diesen Klassiker aus Erdbeer-, Vanille- und Schokoeis, der nach dem Landschaftsarchitekten und Reiseschriftsteller Fürst Hermann von Pückler-Muskau benannt ist? Gekauftes Pückler-Eis schmeckt aber oft so fad, dass man bei geschlossenen Augen meinen könnte, gefrorene Schlagsahne oder Ähnliches zu essen. Zu Hause lässt sich natürlich eine tausendmal bessere Version zubereiten – ob als Eistorte mit Eiscreme (siehe Seite 217–218) oder eben als Semifreddo, wie ich es bevorzuge.

Für 12–14 Portionen

Für das Fürst-Pückler-Semifreddo

3 Eier, getrennt
250 g Zucker
5 Tropfen Vanillearoma
30 g Kakaopulver
100 ml Vollmilch
70 g Bitterschokolade (70 % Kakaoanteil), fein gehackt
250 g Erdbeeren, Walderdbeeren, Himbeeren oder entsteinte Kirschen
50 g Glukosesirup oder -pulver oder flüssiger heller Honig
600 g Sahne

Für das Fürst-Pückler-Semifreddo

1. Eine Kastenform (2 Liter) mit Backpapier oder Frischhaltefolie auskleiden.

2. Für die Baisermasse das Eiweiß mit 100 g Zucker in einem Topf verquirlen und bei niedriger Hitze unter ständigem Rühren auf 70 °C (dampfend heiß) erhitzen, bis die Masse leicht eingedickt ist.

3. In die Küchenmaschine geben und auf hoher Stufe rühren, bis die Baisermasse erkaltet und steif ist. Alternativ ein Handrührgerät verwenden.

4. Für die Vanillemasse das Eigelb mit Vanillearoma und 50 g Zucker in eine hitzebeständige Schüssel geben und über einem heißen Wasserbad rühren, bis die Masse hell und schaumig ist.

5. Für die Schokoladenmasse das Kakaopulver in eine Schüssel geben. Die Milch mit 50 g Zucker in einem kleinen Topf zum Kochen bringen, dann in einem dünnen Strahl unter ständigem Rühren in den Kakao gießen. Die Mischung wieder in den Topf füllen und aufkochen. Vom Herd nehmen und die Schokolade unterrühren, bis sie vollständig geschmolzen ist.

6. Die geputzten Beeren oder Kirschen mit den restlichen 50 g Zucker und Glukose oder Honig glatt pürieren. Die Sahne steif schlagen.

7. Ein Drittel der Baisermasse und ein Drittel der Sahne sorgfältig unter die Schokoladenmasse heben.

8. Die Schokoladenmasse in die vorbereitete Kastenform füllen, glatt streichen und 30 Minuten im Gefrierfach anfrieren lassen.

9. Je ein weiteres Drittel der Baisermasse und der Sahne sorgfältig unter die Vanillemasse heben.

10. Die Vanillemasse auf die Schokoladenmasse in die Kastenform geben, verstreichen und 30 Minuten im Gefrierfach fest werden lassen.

11. Restliche Baisermasse und Sahne sorgfältig unter das Beeren- oder Kirschpüree heben.

12. Die Fruchtmasse auf die Vanilleschicht geben und verstreichen. Abgedeckt mindestens 4 Stunden im Gefrierfach fest werden lassen.

13. Das Semifreddo vor dem Servieren im Kühlschrank antauen lassen, bis es halb gefroren, eben *semi-freddo* ist.

RICOTTA & SAUERKIRSCHE

Sauerkirschen werden für ihr intensives Aroma und ihre feine Säure hochgeschätzt. Das klassische Amarena-Eis ist nichts anderes als ein mit Sauerkirschkompott gemischtes Fior-di-Latte-Eis (siehe Seite 30).

Außerhalb von Eisdielen werden Sauerkirschen in Italien meistens mit Vanillecreme oder eben mit Ricotta serviert, wie zum Beispiel in der Bäckerei Boccione in Rom, die Sauerkirsch-Ricotta-Kuchen im Angebot hat. In Anlehnung daran stelle ich ein Gelato aus Kirschkompott und Ricotta-Basis her, das ich mit seiner subtilen Komplexität und der Üppigkeit eines leckeren Käsekuchens lieber mag als klassisches Sauerkirscheis. Wenn es denn ein Aushängeschild von Gelupo gibt, dann ist es dieses Gelato.

Ergibt etwa 1 Liter/15 Kugeln

Für die Ricotta-Basis (ergibt 1 Liter)

170 g Zucker
30 g Magermilchpulver
Stabilisator: 1 TL Johannisbrotkernmehl oder 2 EL Stärke (Pfeilwurzstärke oder Speisestärke)
375 ml Vollmilch
50 g Glukosesirup oder -pulver oder flüssiger heller Honig
200 g Crème double
250 g Schafsmilchricotta
1–2 Tropfen Bittermandelaroma

Für das Ricotta-Sauerkirsch-Eis

60 g Amarena variegato oder 100 g Sauerkirschkonfitüre oder -kompott (siehe Tipp)

TIPP: Amarena variegato ist ein für die Eisherstellung geeignetes Sauerkirschkompott, das man übers Internet beziehen kann.

Für die Ricotta-Basis

1. Zucker, Milchpulver und Stabilisator in einer kleinen Schüssel sorgfältig mischen.

2. Milch und Glukose oder Honig in einen Topf füllen und bis knapp unter den Siedepunkt erhitzen.

3. Die Zuckermischung unter ständigem Rühren in die heiße Milch streuen.

Weiterrühren, bis die Mischung zu köcheln beginnt, dann vom Herd nehmen.

4. Die Crème double unterrühren und die Masse auf etwa 50 °C abkühlen lassen (gerade noch zu heiß, um den Finger hineinzuhalten).

5. Ricotta und Bittermandelaroma in die Creme unterrühren.

6. Den Deckel aufsetzen, die Ricotta-Basis erst auf Raumtemperatur abkühlen lassen und dann nach Belieben im Kühlschrank kalt stellen. (Diese Grundmasse hält sich bis zu 5 Tage, wenn sie nach dem Abkühlen sofort in den Kühlschrank gestellt wird.)

Für das Ricotta-Sauerkirsch-Eis

1. Die Eismasse in die Eismaschine füllen und gefrieren, bis sie fest ist.

2. Das Eis in einen Gefrierbehälter füllen und das Amarena variegato oder die Sauerkirschkonfitüre oder -kompott unterziehen, sodass ein marmorierter Effekt entsteht.

3. Vor dem Servieren das Ricotta-Sauerkirsch-Eis 30 Minuten ins Gefrierfach stellen. Wenn es länger im Gefrierfach bleibt und sehr fest ist, im Kühlschrank antauen lassen, bis es sich gut portionieren lässt.

Variation

Sie können aus dieser Eiscreme auch ein Stracciatella-Eis machen. Verwenden Sie dafür dieselbe Menge geschmolzene Schokolade wie beim Minze-Stracciatella-Eis (siehe Seite 78) und folgen Sie derselben Methode. Die meisten Leute, mich eingeschlossen, finden das Ricotta-Sauerkirsch-Eis ohne Schokolade besser, aber das muss ja nicht für Sie gelten.

RICOTTA, KAFFEE & HONIG

Dieses Eis fasst zusammen, was am Ende eines Menüs auf den Tisch kommt: Käse, Kaffee und Süßes – ein harmonisches Trio. Frisch gemahlenes feines Kaffeepulver direkt in die Eismasse einzuarbeiten, kenne ich noch aus meiner Kindheit. Mein Lieblingseis als Kind war ein Eis der New England Ice Cream Company (gibt's heute nicht mehr), das einfach aus Vanille-Eis mit gemahlenem Kaffee bestand. Die Methode sorgt für eine wunderbar feine Textur und für viel tolles Kaffee-Aroma. Sie können auch andere Eissorten mit einem Teelöffel gemahlenem Kaffee verfeinern – probieren Sie es mal mit Fior-di-Latte-, Haselnuss- oder Bitterschokoladeneis (Seite 30, 164 und 192).

Ergibt etwa 1 Liter/15 Kugeln

Für die Ricotta-Basis (ergibt 1 Liter)
170 g Zucker
30 g Magermilchpulver
Stabilisator: 1 gestrichener TL Johannisbrotkernmehl oder 2 EL Stärke (Pfeilwurzstärke oder Speisestärke)
375 ml Vollmilch
60 g Glukosesirup oder -pulver oder flüssiger heller Honig
200 g Crème double
250 g Schafsmilchricotta
1–2 Tropfen Bittermandelaroma (nach Belieben)

Für das Ricotta-Kaffee-Honig-Eis
2 EL Kastanienhonig
2 TL fein gemahlene Kaffeebohnen
100 ml Vollmilch

Für die Ricotta-Basis

1. Zucker, Milchpulver und Stabilisator in einer kleinen Schüssel sorgfältig mischen.

2. Milch und Glukose oder Honig in einen Topf füllen und bis knapp unter den Siedepunkt erhitzen. Die Zuckermischung unter ständigem Rühren in die heiße Milch streuen. Weiterrühren, bis die Mischung zu köcheln beginnt, dann vom Herd nehmen.

3. Die Crème double sorgfältig unterrühren und die Masse auf etwa 50 °C abkühlen lassen (gerade noch zu heiß, um den Finger hineinzuhalten).

4. Ricotta und, falls verwendet, Bittermandelaroma unterrühren.

5. Den Deckel aufsetzen, die Ricotta-Basis erst auf Raumtemperatur abkühlen lassen und dann nach Belieben im Kühlschrank kalt stellen. (Diese Grundmasse hält sich bis zu 5 Tage, wenn sie nach dem Abkühlen sofort in den Kühlschrank gestellt wird.)

Für das Ricotta-Kaffee-Honig-Eis

1. Honig, Kaffeepulver und Milch sorgfältig unter die Grundmasse rühren. Die Eismasse in die Eismaschine füllen und gefrieren, bis sie fest ist.

2. Vor dem Servieren das Ricotta-Kaffee-Honig-Eis etwa 30 Minuten ins Gefrierfach stellen. Wenn es länger im Gefrierfach gelagert wurde und sehr fest ist, im Kühlschrank antauen lassen, bis es sich gut portionieren lässt.

BANANE & STRACCIATELLA

Für mich sind Bananen das Schulobst schlechthin. Sie erinnern mich an Pausen auf dem Schulhof mit meinen Freunden und die Schulverpflegung, für die ich gemischte Gefühle hegte. Vielleicht ist das der Grund, weshalb ich Bananeneis für ein Kindereis halte, dabei liebe ich dieses Eis, gerade weil es so kindlich ist.

Ergibt etwa 1 Liter/15 Kugeln

Für die Eisbasis (ergibt 800 ml)
130 g Zucker
40 g Magermilchpulver
Stabilisator: 1 gestrichener TL Johannisbrotkernmehl oder 2 EL Stärke (Pfeilwurzstärke oder Speisestärke)
640 ml Vollmilch
40 g Glukosesirup oder -pulver oder flüssiger heller Honig

Für das Banane-Stracciatella-Eis
1 sehr große, sehr reife Banane, geschält
10 g Malzsirup (nach Belieben)
50 g dunkler Muscovadozucker (idealerweise, ansonsten weißer Zucker)
45 g Bitterschokolade (70 % Kakaoanteil), gehackt
15 g Kakaobutter oder Kokosöl

Für die Eisbasis

1. Zucker, Milchpulver und Stabilisator in einer kleinen Schüssel sorgfältig mischen.

2. Milch und Glukose oder Honig in einen Topf füllen und bis knapp unter den Siedepunkt erhitzen.

3. Die Zuckermischung unter ständigem Rühren in die heiße Milch streuen. Weiterrühren, bis die Mischung zu köcheln beginnt, dann vom Herd nehmen.

4. Den Deckel aufsetzen, die Eisbasis erst auf Raumtemperatur abkühlen lassen und dann nach Belieben im Kühlschrank kalt stellen. (Diese Grundmasse hält sich bis zu 5 Tage, wenn sie nach dem Abkühlen sofort in den Kühlschrank gestellt wird.)

Für das Banane-Stracciatella-Eis

1. Die Banane mit Malzsirup, falls verwendet, sowie dem Zucker und der Eisbasis glatt pürieren.

2. Die Eismasse in die Eismaschine füllen und gefrieren, bis sie fest ist.

3. Inzwischen die Schokolade mit Kakaobutter oder Kokosöl in einer hitzebeständigen Schüssel über einem Wasserbad oder in der Mikrowelle schmelzen.

4. Die Schokolade fast auf Raumtemperatur abkühlen lassen.

5. Wenn die Eiscreme so fest ist, dass sie fertig gefroren aussieht, aber sich noch nicht am Rührblatt zusammenballt, die Schokolade bei laufendem Motor in einem dünnen Strahl in die Eismasse gießen. Durch das Rührwerk wird die Schokolade beim Erstarren in kleine Stücke gebrochen. Je dünner der Strahl, desto feiner die Schokostücke.

6. Vor dem Servieren das Banane-Stracciatella-Eis etwa 30 Minuten ins Gefrierfach stellen. Wenn es länger im Gefrierfach gelagert wurde und sehr fest ist, im Kühlschrank antauen lassen, bis es sich gut portionieren lässt.

BIRNE

Eis schmeckt das ganze Jahr! Es ist, zumindest nach meinem Verständnis, wichtig für jedes Sommervergnügen, kann aber genauso lecker sein, wenn die Blätter bunt und die Nächte lang werden. Birnen sind die Früchte der Sommersonne. Langsam und spät reifende Birnen konzentrieren bis in den Herbst hinein jeden einzelnen Sonnenstrahl. Vielleicht ist es diese Sonnenenergie, die ihre Aromen so wärmend macht, vielleicht aber auch die Assoziation an all die Crumbles, Kompotte, Kuchen und Konserven, die wir jedes Jahr zubereiten, um mit der Birnenschwemme fertig zu werden, bevor das Wetter schlecht wird. In diesem Sorbet steckt von allem ein bisschen drin, sodass Sie ein wenig in den schönen Sommererinnerungen schwelgen können. Die Birnen machen aus diesem Sorbet ein kleines Trostpflaster, das Sie aus jeder kleinen Herbst- und Winterdepression holen kann.

Ergibt etwa 1 Liter/15 Kugeln

Für den Sorbetsirup (ergibt 400 ml)
125 g Zucker
Stabilisator: 1 gestrichener TL Johannisbrotkernmehl oder 2 EL Stärke (Pfeilwurzstärke oder Speisestärke)
225 ml Wasser
50 g Glukosesirup oder -pulver oder flüssiger heller Honig

Für das Birneneis
100 ml Wasser
Saft von 1/2 Zitrone
50 g Zucker
600 g reife Birnen

Für den Sorbetsirup

1. Zucker und Stabilisator in einer kleinen Schüssel sorgfältig mischen.

2. Wasser und Glukose oder Honig in einen Topf füllen und bis knapp unter den Siedepunkt erhitzen.

3. Die Zuckermischung unter ständigem Rühren in das heiße Wasser streuen. Weiterrühren, bis die Mischung zu köcheln beginnt, dann vom Herd nehmen. Den Sirup lauwarm abkühlen lassen (hält sich auch bis zu 1 Woche im Kühlschrank).

Für das Birneneis

1. Wasser, Zitronensaft und Zucker in einem Topf bei mittlerer Hitze zum Kochen bringen.

2. Inzwischen die Birnen waschen und (mit Schale und Gehäuse) würfeln, dann in den heißen Sirup geben und 1–2 Minuten kochen, bis die Birnenwürfel heiß, aber noch nicht gar sind.

3. Die Birnen in eine Schüssel geben und den abgekühlten Sorbetsirup darübergießen, um die Birnen abzuschrecken. Die Mischung pürieren und durch ein feines Sieb in eine Schüssel passieren. Die Siebrückstände entsorgen.

4. Die Eismasse in die Eismaschine füllen und gefrieren, bis sie fest ist.

5. Vor dem Servieren das Birneneis etwa 30 Minuten ins Gefrierfach stellen. Wenn es länger im Gefrierfach gelagert wurde und sehr fest ist, im Kühlschrank antauen lassen, bis es sich gut portionieren lässt.

APFEL-STRUDEL

Wenn Nachmachen die höchste Form der Schmeichelei ist, ist Nachäffen Spötterei. Diese Eiscreme äfft mit einer gewissen Verlegenheit einen Apfelstrudel nach, denn sie enthält nicht einen Gramm Strudelteig. Aber sie ist eine liebevolle Hommage an eines meiner liebsten Desserts.

Ergibt etwa 1 Liter/15 Kugeln

Für die Eisbasis (ergibt 800 ml)

130 g Zucker
40 g Magermilchpulver
Stabilisator: 1 gestrichener TL Johannisbrotkernmehl oder 2 EL Stärke (Pfeilwurzstärke oder Speisestärke)
640 ml Vollmilch
40 g Glukosesirup oder -pulver oder flüssiger heller Honig

Für das Apfelstrudeleis

300 g Tafeläpfel (Pink Lady oder Braeburn), mit Schale, entkernt und gewürfelt
50 g Zucker
50 ml Wasser
250 g Rosinen
½ TL gemahlener Zimt
40 g Eiswaffeln (Fertigprodukt oder selbst gemacht, siehe Seite 202) oder 50 g Blätter- oder Filoteig, goldbraun gebacken
30 g Walnuss- oder Pekannusskerne, leicht geröstet und gehackt

Für die Eisbasis

1. Zucker, Milchpulver und Stabilisator in einer kleinen Schüssel sorgfältig mischen.

2. Milch und Glukose oder Honig in einen Topf füllen und bis knapp unter den Siedepunkt erhitzen.

3. Die Zuckermischung unter ständigem Rühren in die heiße Milch streuen. Weiterrühren, bis die Mischung zu köcheln beginnt, dann vom Herd nehmen.

4. Den Deckel aufsetzen, die Eisbasis erst auf Raumtemperatur abkühlen lassen und dann nach Belieben im Kühlschrank kalt stellen. (Diese Grundmasse hält sich bis zu 5 Tage, wenn sie nach dem Abkühlen sofort in den Kühlschrank gestellt wird.)

Für das Apfelstrudeleis

1. Die Äpfel mit Zucker, Wasser, Rosinen und Zimt in einen kleinen Topf mit dicht schließendem Deckel geben.

2. Bei niedrigster Hitze 1 Stunde köcheln lassen, bis die Masse ganz weich und zu einem festen Mus eingekocht ist (gegebenenfalls hin und wieder noch einen Spritzer Wasser hinzufügen).

3. Das Apfel-Rosinen-Mus abkühlen lassen.

4. Zwei Drittel des Muses sorgfältig in die Eisbasis rühren.

5. Die Eismasse in die Eismaschine füllen und gefrieren, bis sie fest ist.

6. Die Eiswaffeln oder den gebackenen Teig zerkrümeln und mit den Nusskernen mischen.

7. Das Eis in einen Gefrierbehälter füllen und das restliche Apfelmus grob unterziehen. Mit der Krümel-Nuss-Mischung bestreuen.

8. Vor dem Servieren das Apfelstrudeleis etwa 30 Minuten ins Gefrierfach stellen. Wenn es länger im Gefrierfach gelagert wurde und sehr fest ist, im Kühlschrank antauen lassen, bis es sich gut portionieren lässt.

RUMROSINE

Rumrosinen sind wahrscheinlich das Ergebnis des historischen Handels zwischen Sizilien (geistige Heimat des Speiseeises) und Spanien (Ursprung der feinen Muskatellertrauben aus Málaga). Das ursprüngliche Málaga-Gelato wurde mit getrockneten Muskatellertrauben hergestellt, die in Wein getränkt wurden, der wiederum aus Muskatellertrauben gekeltert wurde. Auf Sizilien und in Spanien wird das Gelato immer noch auf diese Weise hergestellt.

In diesem Rezept verwende ich kräftigeren Rum – ein vertrauteres Aroma mit mehr Wumms –, aber man kann die Eiscreme ebenso gut mit der doppelten Menge Süßwein (Pedro Ximénez oder Moscatel aus Spanien; Passito di Moscato von der Insel Pantelleria, Sizilien oder aus Süditalien) zubereiten.

Ergibt etwa 1 Liter/15 Kugeln

Für die Eisbasis (ergibt 800 ml)
130 g Zucker
40 g Magermilchpulver
Stabilisator: 1 gestrichener TL Johannisbrotkernmehl oder 2 EL Stärke (Pfeilwurzstärke oder Speisestärke)
640 ml Vollmilch
40 g Glukosesirup oder -pulver oder flüssiger heller Honig

Für das Rum-Rosinen-Eis
60 g Rosinen, über Nacht (oder länger) in 4 EL braunem Rum eingeweicht
150 g Crème double

Für die Eisbasis

1. Zucker, Milchpulver und Stabilisator in einer kleinen Schüssel sorgfältig mischen.

2. Milch und Glukose oder Honig in einen Topf füllen und bis knapp unter den Siedepunkt erhitzen. Die Zuckermischung unter ständigem Rühren in die heiße Milch streuen. Weiterrühren, bis die Mischung zu köcheln beginnt, dann vom Herd nehmen.

3. Den Deckel aufsetzen, die Eisbasis erst auf Raumtemperatur abkühlen lassen und dann nach Belieben im Kühlschrank kalt stellen. (Diese Grundmasse hält sich bis zu 5 Tage, wenn sie nach dem Abkühlen sofort in den Kühlschrank gestellt wird.)

Für das Rum-Rosinen-Eis

1. Rumrosinen samt restlicher Flüssigkeit und Crème double sorgfältig in die Eisbasis rühren.

2. Die Eismasse in die Eismaschine füllen und gefrieren, bis sie fest ist.

3. Vor dem Servieren das Rum-Rosinen-Eis etwa 30 Minuten ins Gefrierfach stellen. Wenn es länger im Gefrierfach gelagert wurde und sehr fest ist, im Kühlschrank antauen lassen, bis es sich gut portionieren lässt.

Varianten

- Ersetzen Sie die Eisbasis durch eine Konditorcreme (siehe Seite 64).
- Weichen Sie die Rosinen in Pedro-Ximénez-Sherry, Muskateller oder Passito di Moscato ein (jeweils die doppelte Menge verwenden).
- Rühren Sie zusätzlich einige Tropfen Vanillearoma oder ½ TL gemahlenen Zimt in die Eismasse.
- Ersetzen Sie die eingeweichten Rosinen durch Armagnac-Pflaumen.

BIRNE, BROMBEERE & CRUMBLE

Es gibt eine spezielle jahreszeitlich bedingte Foodie-Krankheit: Wenn wir uns den Erntekalender ansehen, fantasieren wir immer schon im Voraus, was die Saison bringen wird, und vergessen darüber all die Lebensmittel, die aktuell zu haben sind. Im Spätsommer freuen wir uns auf Äpfel, Birnen, Brombeeren, Kürbis und Maronen sowie gebackene Desserts und machen uns bereits Gedanken darüber, wann die Zeit von Birnen-Brombeer-Crumbles vorbei sein wird und was die Winterküche uns bringt. Hier ist eine Eiscreme, die Ihren Gaumen vor dem Winter wärmt und Ihre Liebe zu Streuseln erneuern wird. Die warmen Röstaromen von Birnen-Brombeer-Crumble schaffen es sogar in dieses kalte Eis.

Ergibt etwa 1 Liter/15 Kugeln

Für die Konditorcreme
(ergibt knapp 1 Liter)

1 Vanillestange und/oder fein abgeriebene Schale von 1/3 Bio-Zitrone (nach Belieben)
600 ml Vollmilch
80 g Glukosesirup oder -pulver oder flüssiger heller Honig
110 g Zucker
60 g Magermilchpulver
Stabilisator: 1 gestrichener TL Johannisbrotkernmehl oder 2 EL Stärke (Pfeilwurzstärke oder Speisestärke)
6 Eigelb

Für das Birnen-Brombeer-Kompott

100 g Zucker
4 EL Wasser
1 Birne (nach Belieben geschält), entkernt und gewürfelt
150 g Brombeeren

Für die Streusel

60 g Weizenmehl (Type 405)
60 g Zucker
60 g weiche Butter
3/4 TL gemahlener Zimt

Für die Konditorcreme

1. Sie können zum Aromatisieren der Creme Vanille oder Zitronenabrieb oder auch beides verwenden. Die Vanillestange aufschlitzen und das Mark herauskratzen.

2. Die Milch mit Glukose oder Honig und Vanillestange, falls verwendet, in einen Topf geben. Sanft bis zum Siedepunkt erhitzen.

3. Inzwischen Zucker, Milchpulver, Vanillemark, falls verwendet, und Stabilisator in einer kleinen Schüssel sorgfältig mischen.

4. Die Milch sanft köcheln lassen. Die Zuckermischung unter ständigem Rühren in die heiße Milch streuen und erneut zum Köcheln bringen. Vom Herd nehmen und die Vanillestange, falls verwendet, entfernen.

5. Das Eigelb in einer großen Schüssel verquirlen und unter ständigem Rühren in die heiße Milch gießen. Die Temperatur sollte bei 75 °C liegen. Falls die Masse zu kalt ist, unter ständigem Rühren bis zur korrekten Temperatur erhitzen.

6. Den Topf vom Herd nehmen. Falls verwendet, den Zitronenabrieb unterrühren.

7. Den Deckel aufsetzen, die Creme erst auf Raumtemperatur abkühlen lassen und dann nach Belieben im Kühlschrank kalt stellen. (Diese Grundmasse hält sich bis zu 5 Tage, wenn sie nach dem Abkühlen sofort in den Kühlschrank gestellt wird.)

Fortsetzung ▶

Für das Birnen-Brombeer-Kompott

1. Die Hälfte des Zuckers mit dem Wasser in einem kleinen Topf zum Kochen bringen.

2. Die Birnen hinzugeben.

3. Bei aufgesetztem Deckel garen, bis der Sirup eingedickt ist. Die Birnen aber nicht braun werden lassen. In eine Schüssel geben und abkühlen lassen.

4. Nun die Brombeeren mit dem restlichen Zucker in den Topf geben und sanft köcheln lassen, bis die Beeren gerade zusammengefallen sind. Abkühlen lassen.

Für die Streusel

1. Den Backofen auf 200 °C (180 °C Umluft/ Gas: Stufe 6) vorheizen. Ein Backblech mit Backpapier belegen.

2. Mehl, Zucker, Butter und Zimt in einer Schüssel mit den Fingern zu Streuseln verreiben.

3. Die Streusel auf dem Backblech verteilen und im vorgeheizten Ofen 15–20 Minuten goldbraun backen.

Für das Birnen-Brombeer-Crumble-Eis

1. Die Eismasse in die Eismaschine füllen und gefrieren, bis sie fest ist.

2. Wenn das Eis fertig gefroren ist, das Birnenkompott bei laufendem Motor hinzufügen.

3. Das Eis in einen Gefrierbehälter füllen und das Birnen-Brombeer-Kompott unterziehen, sodass ein marmorierter Effekt entsteht. Die Streusel darauf verteilen.

4. Vor dem Servieren das Birnen-Brombeer-Crumble-Eis etwa 30 Minuten ins Gefrierfach stellen. Wenn es länger im Gefrierfach gelagert wurde und fest ist, im Kühlschrank antauen lassen, bis es sich gut portionieren lässt.

Varianten

- Ersetzen Sie die Birne durch einen Tafelapfel (z. B. Pink Lady oder Braeburn) und verarbeiten Sie ihn wie die Birne zu einem Apfel-Brombeer-Kompott.
- Für eine Frühlingsversion dieser Eiscreme ersetzen Sie die Birne durch 300 g geputzten Rhabarber und die Brombeeren durch Erdbeeren.

TIRAMISÙ

Retrogerichte machen glücklich. Tiramisù, das als Traumdessert schlechthin gilt, bildet da keine Ausnahme. *Tira-mi-sù* bedeutet »Zieh mich hoch« – eine charmante Bezeichnung für eine üppige Mascarponecreme mit espressogetränkten Löffelbiskuits. Die Accademia del Tiramisù (ja, die gibt es tatsächlich – Italien behandelt sein kulinarisches Erbe mit dem nötigen Ernst, und jedes bekannte Gericht hat seine eigene Zunft, Gesellschaft oder Stiftung) erzählt eine andere Geschichte, nach der dieses Dessert von einer klugen »Mätresse« eines Freudenhauses im Zentrum von Treviso erfunden wurde. Die »Siora«, die dieses Etablissement leitete, bot dieses aphrodisierende Dessert ihren Kunden zur Stärkung an, für den Fall, dass sie nach dem Besuch auch zu Hause im ehelichen Bett ihren Mann stehen wollten …

TIPP: Dieses Eis wird geschichtet, entweder in einen Gefrierbehälter, um dann Kugeln auszustechen, oder in Gläsern. In diesem Fall sollten sechs Gläser (à 250 ml) vorher ins Gefrierfach gestellt werden.

Ergibt etwa 1 Liter/15–20 Kugeln/6 Gläser

Für die Ricotta-Basis (ergibt 1 Liter)
170 g Zucker
30 g Magermilchpulver
Stabilisator: 1 gestrichener TL Johannisbrotkernmehl oder 2 EL Stärke (Pfeilwurzstärke oder Speisestärke)
375 ml Vollmilch
50 g Glukosesirup oder -pulver oder flüssiger heller Honig
200 g Crème double
250 g Schafsmilchricotta
1–2 Tropfen Bittermandelaroma (nach Belieben)

Für das Tiramisù-Eis
4 Eigelb
50 ml Marsala oder Sherry medium dry
55 g Zucker
100 ml frischer Espresso
8 große Löffelbiskuits
2 gehäufte EL Kakaopulver

Für die Ricotta-Basis

1. Zucker, Milchpulver und Stabilisator in einer kleinen Schüssel sorgfältig mischen.

2. Milch und Glukose oder Honig in einen Topf füllen und bis knapp unter den Siedepunkt erhitzen. Die Zuckermischung unter ständigem Rühren in die heiße Milch streuen. Weiterrühren, bis die Mischung zu köcheln beginnt, dann vom Herd nehmen.

3. Die Crème double unterrühren. Die Masse auf etwa 50 °C abkühlen lassen (gerade noch zu heiß, um den Finger hineinzuhalten).

4. Ricotta und, falls verwendet, Bittermandelaroma unterrühren.

5. Den Deckel aufsetzen, die Ricotta-Basis erst auf Raumtemperatur abkühlen lassen und dann nach Belieben im Kühlschrank kalt stellen. (Diese Grundmasse hält sich bis zu 5 Tage, wenn sie nach dem Abkühlen sofort in den Kühlschrank gestellt wird.)

Für das Tiramisù-Eis

1. Eigelb und Marsala in die Ricotta-Basis rühren. Die Eismasse in die Eismaschine füllen und gefrieren, bis sie fest ist.

2. Inzwischen den Zucker im Espresso verrühren, bis er sich vollständig aufgelöst hat. Erkalten lassen.

3. Die Löffelbiskuits mit dem Espressosirup tränken und in Stücke teilen.

4. Ein Drittel der Eiscreme in einen Gefrierbehälter oder eine Kastenform streichen oder in die vorgekühlten Dessertgläser geben.

5. Die Hälfte der getränkten Löffelbiskuits darauf verteilen, mit einem Drittel des Kakaos bestäuben. Die Zutaten wieder in derselben Reihenfolge schichten.

6. Mit der restlichen Eiscreme bedecken und mit dem restlichen Kakao dick bestäuben. Vor dem Servieren das Tiramisù-Eis etwa 30 Minuten ins Gefrierfach stellen. Wenn es länger im Gefrierfach gelagert wurde und sehr fest ist, im Kühlschrank antauen lassen, bis es sich gut portionieren oder in den Gläsern servieren lässt.

ZUPPA INGLESE

Ich weiß nicht, warum die abfällige Bezeichnung für Engländer nicht »Puddingfresser« oder »Puddinggesichter« oder so ähnlich lautet. Wir sind offensichtlich bekannt für Pudding (eigentlich: Flammeri); die Franzosen nennen ihn Crème anglaise, also »englische Creme«, und die Italiener bezeichnen einen Trifle als Zuppa inglese (»englische Suppe«).

Das Zuppa-inglese-Eis ist eigentlich nichts anderes als ein Crema-Eis (das heißt mit einer Konditorcreme als Grundmasse) mit Löffelbiskuits, die mit Alchermes getränkt wurden. Alchermes ist ein mit Kermes (Cochenille) rot eingefärbter Kräuterlikör, dessen Rezeptur sich bis ins 8. Jahrhundert zurückverfolgen lässt. Es ist jedenfalls Eiscreme in ihrer buntesten Form.

Wie das Tiramisù-Eis auf der vorherigen Seite können Sie auch dieses Eis in einen Gefrierbehälter (für Kugeln), eine Kastenform (für Scheiben) oder in vorgekühlte Dessertgläser (für Einzelportionen) schichten.

Ergibt etwa 1 Liter/15–20 Kugeln/6 Gläser

Für die Konditorcreme (ergibt 1 Liter)

1 Vanillestange und/oder fein abgeriebene Schale von $^1/_3$ Bio-Zitrone (nach Belieben)
600 ml Vollmilch
80 g Glukosesirup oder -pulver oder flüssiger heller Honig
110 g Zucker
60 g Magermilchpulver
Stabilisator: 1 gestrichener TL Johannisbrotkernmehl oder 2 EL Stärke (Pfeilwurzstärke oder Speisestärke)
6 Eigelb

Für das Zuppa-inglese-Eis

60 g Bitterschokolade (70 % Kakaoanteil)
8 große Löffelbiskuits oder 200 g Biskuitboden
200 ml Alchermes-Likör oder 100 ml Brandy gemischt mit 25 ml Sambuca oder Absinth und 75 g Kirschkonfitüre

Für die Konditorcreme

1. Sie können zum Aromatisieren der Creme Vanille oder Zitronenabrieb oder eben beides verwenden. Die Vanillestange aufschlitzen und das Mark herauskratzen.

2. Die Milch mit Glukose oder Honig und Vanillestange, falls verwendet, in einen Topf geben und sanft bis zum Siedepunkt erhitzen.

3. Inzwischen Zucker, Milchpulver, Vanillemark, falls verwendet, und Stabilisator in einer kleinen Schüssel sorgfältig mischen.

4. Die Milch sanft köcheln lassen. Die Zuckermischung unter stündigem Rühren in die heiße Milch streuen und erneut zum Köcheln bringen. Vom Herd nehmen und die Vanillestange, falls verwendet, entfernen.

5. Das Eigelb in einer großen Schüssel verquirlen und unter ständigem Rühren in die heiße Milch gießen. Die Temperatur sollte bei 75 °C liegen. Falls die Masse zu kalt ist, unter ständigem Rühren bis zur korrekten Temperatur erhitzen.

6. Den Topf vom Herd nehmen und, falls verwendet, den Zitronenabrieb unterrühren.

7. Den Deckel aufsetzen, die Creme erst auf Raumtemperatur abkühlen lassen und dann nach Belieben im Kühlschrank kalt stellen. (Diese Grundmasse hält sich bis zu 5 Tage, wenn sie nach dem Abkühlen sofort in den Kühlschrank gestellt wird.)

Für das Zuppa-inglese-Eis

1. Die Eismasse in die Eismaschine füllen und gefrieren, bis sie fest ist.

2. Die Schokolade in einer hitzebeständigen Schüssel über einem Wasserbad schmelzen und zimmerwarm abkühlen lassen.

3. Die Löffelbiskuits oder den Biskuit in mundgerechte Stücke teilen und mit dem Likör oder der Brandy-Mischung tränken.

4. Die Hälfte der Eiscreme in einem Behälter oder einer Kastenform verstreichen oder in vorgekühlte Gläser geben.

5. Einige Biskuitstücke für die Garnierung beiseitelegen. Die restlichen auf der Eisschicht verteilen.

6. Die restliche Eiscreme darauf verstreichen und die restlichen Biskuitstücke darauf verteilen.

7. Mit der flüssigen Schokolade beträufeln.

8. Vor dem Servieren das Zuppa-inglese-Eis etwa 30 Minuten ins Gefrierfach stellen. Wenn es länger im Gefrierfach gelagert wurde und sehr fest ist, im Kühlschrank antauen lassen, bis es sich gut portionieren oder in den Gläsern servieren lässt.

PANETTONE

Panettone ist ein fluffig weicher, aromatischer und reichhaltiger Hefekuchen, der Geduld, Geschicklichkeit und hohe Bäckerkunst voraussetzt. Abgesehen von den Aromen gehen die beschriebenen Qualitäten eines Panettone verloren, wenn er klein geschnitten unter die Eismasse gezogen wird. Aber das Ergebnis ist eine richtig feine Eiscreme und die ideale Lösung, um die fast unvermeidlichen Panettone-Reste nach Weihnachten zu verwerten.

Ergibt etwa 1 Liter/15 Kugeln

Für die Eisbasis (ergibt 800 ml)
130 g Zucker
40 g Magermilchpulver
Stabilisator: 1 gestrichener TL Johannisbrotkernmehl oder 2 EL Stärke (Pfeilwurzstärke oder Speisestärke)
640 ml Vollmilch
40 g Glukosesirup oder -pulver oder flüssiger heller Honig

Für das Panettone-Eis
150 g Panettone, klein gewürfelt
3 Eigelb
50 g Orangeat, fein gehackt

Für die Eisbasis

1. Zucker, Milchpulver und Stabilisator in einer kleinen Schüssel sorgfältig mischen.

2. Milch und Glukose oder Honig in einen Topf füllen und bis knapp unter den Siedepunkt erhitzen.

3. Die Zuckermischung unter ständigem Rühren in die heiße Milch streuen. Weiterrühren, bis die Mischung zu köcheln beginnt, dann vom Herd nehmen.

4. Den Deckel aufsetzen, die Eisbasis erst auf Raumtemperatur abkühlen lassen und dann nach Belieben im Kühlschrank kalt stellen. (Diese Grundmasse hält sich bis zu 5 Tage, wenn sie nach dem Abkühlen sofort in den Kühlschrank gestellt wird.)

Für das Panettone-Eis

1. Panettone-Würfelchen, Eigelb und Orangeat sorgfältig in die Eisbasis rühren.

2. Die Eismasse in die Eismaschine füllen und gefrieren, bis sie fest ist.

3. Vor dem Servieren das Panettone-Eis etwa 30 Minuten ins Gefrierfach stellen. Wenn es länger im Gefrierfach gelagert wurde und sehr fest ist, im Kühlschrank antauen lassen, bis es sich gut portionieren lässt.

ANANAS

Im Europa des 18. Jahrhunderts war die Ananas eine so seltene und begehrte Frucht aus den Kolonien, dass sie zu einem Symbol für Ansehen und Reichtum avancierte und schließlich als Zeichen für Gastfreundschaft auch zu einem architektonischen Ornament wurde. In Italien ist Ananas auf Dessertkarten immer noch allgegenwärtig quasi jedes Restaurant und jede Trattoria scheint Ananas pur oder mit Rum beträufelt anzubieten.

Auch in jedem Supermarkt ist Ananas erhältlich. Intensivanbau und lange Transportwege sorgen dafür, dass perfekt gereifte, hocharomatische Früchte wie Pfirsiche, Aprikosen, Erdbeeren und Melonen oft nur nach intensiver Suche und Prüfung zu finden sind. Nicht so die Ananas: Sie lässt sich einfacher transportieren, und wenn sich ein Blatt aus der Mitte der Blattkrone leicht herausziehen lässt, hat man auch schon eine reife, aromatische Ananas gefunden, die nicht nur als Tafelobst lecker schmecken wird, sondern eben auch als Sorbet.

Ergibt etwa 1 Liter/15 Kugeln

Für den Sorbetsirup (ergibt 400 ml)
125 g Zucker
Stabilisator: 1 gestrichener TL Johannisbrotkernmehl oder 2 EL Stärke (Pfeilwurzstärke oder Speisestärke)
225 ml Wasser
50 g Glukosesirup oder -pulver oder flüssiger heller Honig

Für das Ananaseis
1 schöne, reife Ananas

Für den Sorbetsirup

1. Zucker und Stabilisator in einer kleinen Schüssel sorgfältig mischen.

2. Wasser und Glukose oder Honig in einen Topf füllen und bis knapp unter den Siedepunkt erhitzen.

3. Die Zuckermischung unter ständigem Rühren in das heiße Wasser streuen. Weiterrühren, bis die Mischung zu köcheln beginnt, dann vom Herd nehmen.

4. Den Sirup lauwarm abkühlen lassen (hält sich auch bis zu 1 Woche im Kühlschrank).

Für das Ananaseis

1. Die Ananas schälen und vierteln. Den harten Strunk abschneiden und das Fruchtfleisch in Stücke teilen. Wenn Sie wesentlich mehr als 600–750 g Fruchtfleisch haben, dürfen Sie den Rest essen.

2. Die Ananasstücke mit dem Sorbetsirup pürieren.

3. Die Masse durch ein feines Sieb in eine Schüssel passieren. Die Siebrückstände entsorgen.

4. Die Eismasse in die Eismaschine füllen und gefrieren, bis sie fest ist.

5. Vor dem Servieren das Ananaseis etwa 30 Minuten ins Gefrierfach stellen. Wenn es länger im Gefrierfach gelagert wurde und sehr fest ist, im Kühlschrank antauen lassen, bis es sich gut portionieren lässt.

ZABAIONE-SEMIFREDDO

Dieses Semifreddo sieht aus wie ein feiner Terrazzo-Boden und ist die eisige Version von Nugat: viele süße weiße Nugatstückchen eingebettet in einer schaumigen Masse aus Zucker und Ei. Eine Zabaione besteht aus Eigelb, das mit Zucker und normalerweise auch Alkohol über einem Wasserbad locker-schaumig aufgeschlagen wird – und dazu einlädt, mit zusätzlichen Aromen zu experimentieren. Dieses Rezept wird mit Marsala, Rum und Haselnüssen zubereitet. Sie können aber auch einen anderen Süßwein oder eine andere Spirituose wie Bourbon oder Amaretto ausprobieren ebenso wie andere Nüsse. Sie können auch gewürfelte getrocknete Aprikosen oder kandierte Früchte dazugeben.

Für 5–8 Portionen

Für die Zabaione
4 Eigelb (Größe L)
65 g Zucker
etwas fein abgeriebene Schale von 1 Bio-Zitrone
4 EL Marsala
1 EL brauner Rum
2–3 Tropfen Vanillearoma

Für das Zabaione-Semifreddo
300 g Sahne
50 g Torrone (fester weißer Nugat)
50 g Bitterschokolade (70 % Kakaoanteil), fein gehackt
40 g geröstete Haselnusskerne, grob gehackt
60 g Baiser (siehe Tipp), zerkrümelt

Zum Servieren (nach Belieben)
Opas Schokosauce (siehe Seite 232)
150 g Sahne, mit 1 EL Zucker steif geschlagen

Für die Zabaione

1. Eine Schüssel mit Eiswasser bereitstellen. Der Boden der Rührschüssel sollte später hineinpassen.

2. Das Eigelb mit Zucker, Zitronenabrieb, Marsala, Rum und Vanillearoma in eine hitzebeständige Rührschüssel geben und über einem heißen Wasserbad aufschlagen, bis die Masse hell und schaumig ist.

3. Die Schüssel vom Wasserbad nehmen und sofort in das Eiswasser stellen. Die Eiermasse weiterschlagen, bis sie erkaltet ist.

Für das Zabaione-Semifreddo

1. Eine Kastenform (1 Liter) oder einen Gefrierbehälter mit Frischhaltefolie auskleiden.

2. Die Sahne steif schlagen.

3. Die Sahne mit einem Teigschaber unter die Zabaione heben. Dann Torrone, Schokolade, Haselnüsse und Baiser unterziehen.

4. Die Eismasse in die vorbereitete Form füllen.

5. Das Zabaione-Semifreddo abdecken und mindestens 6 Stunden oder über Nacht gefrieren, bis es fest ist.

6. Falls das Semifreddo ganz fest geworden ist, vor dem Servieren im Kühlschrank antauen lassen, bis es halb gefroren, eben *semifreddo* ist. Das Semifreddo in Kugeln oder Scheiben mit Schokoladensauce oder Sahne oder beidem servieren.

TIPP: Baisers, auch Meringen genannt, gibt es in jedem Supermarkt. Sie können sie aber auch selbst herstellen: Als Zutaten brauchen Sie Eiweiß und die doppelte Menge Zucker (beides in Gramm gewogen). Das Eiweiß mit der Hälfte des Zuckers schaumig rühren, dann bei laufendem Motor den restlichen Zucker langsam einrieseln lassen und weiterrühren, bis die Masse sehr fest ist. In kleinen Portionen auf ein Backblech setzen oder spritzen und etwa 6 Stunden bei 70–80 °C (60 °C Umluft, Gas: Stufe ¼) im Backofen trocknen lassen.

PFIRSICH

Ein leckerer Pfirsich schmeckt nach Sommer pur: vollaromatisch, supersaftig und frisch. Es wäre eine Sünde, dieses Eis mit etwas anderem als den feinsten, aromatischsten, saftigsten Pfirsichen zuzubereiten – genauso sündhaft ist es allerdings, einen perfekten Pfirsich zu kochen oder zu einem Sorbet zu verarbeiten. Von dieser zweiten Sünde kann man sich ganz einfach freikaufen, indem man deutlich mehr Pfirsiche mit nach Hause bringt, als man essen kann. Verputzen Sie so viele Sie können, und machen Sie aus dem Rest ein Sorbet.

Für dieses Eis können Sie weiße oder gelbe Pfirsiche (oder auch Nektarinen) verwenden. Grundsätzlich finde ich die Farbe und Zartheit von weißen Pfirsichen besser, aber Sie sollten sich in erster Linie von der Qualität der verfügbaren Pfirsiche leiten lassen, nicht von der Farbe.

Ergibt etwa 1 Liter/15 Kugeln

Für den Sorbetsirup (ergibt 400 ml)
125 g Zucker
Stabilisator: 1 gestrichener TL Johannisbrotkernmehl oder 2 EL Stärke (Pfeilwurzstärke oder Speisestärke)
225 ml Wasser
50 g Glukosesirup oder -pulver oder flüssiger heller Honig

Für das Pfirsicheis
3–5 sehr reife weiße oder gelbe Pfirsiche (800–900 g)

Für den Sorbetsirup

1. Zucker und Stabilisator in einer kleinen Schüssel sorgfältig mischen.

2. Wasser und Glukose oder Honig in einen Topf füllen und bis knapp unter den Siedepunkt erhitzen.

3. Die Zuckermischung unter ständigem Rühren in das heiße Wasser streuen. Weiterrühren, bis die Mischung zu köcheln beginnt, dann vom Herd nehmen.

4. Den Sirup lauwarm abkühlen lassen (hält sich auch bis zu 1 Woche im Kühlschrank).

Für das Pfirsicheis

1. Die Pfirsiche waschen, entsteinen und in Stücke schneiden (siehe Tipp).

2. Die Pfirsichstücke mit dem Sorbetsirup pürieren und durch ein feines Sieb in eine Schüssel passieren. Die Siebrückstände entsorgen.

3. Die Eismasse in die Eismaschine füllen und gefrieren, bis sie fest ist.

4. Vor dem Servieren das Pfirsicheis etwa 30 Minuten ins Gefrierfach stellen. Wenn es länger im Gefrierfach gelagert wurde und sehr fest ist, im Kühlschrank antauen lassen, bis es sich gut portionieren lässt.

TIPP: Ich lasse die Haut der Pfirsiche dran. Wenn Sie das aber stört, können Sie die Pfirsiche mit einem Sparschäler schälen oder die Früchte 10 Sekunden in kochendem Wasser blanchieren und unter fließendem kaltem Wasser abschrecken. Dann lässt sich die Haut ganz einfach abziehen.

APRIKOSE

Bei Aprikosen werde ich ein wenig nostalgisch, denn früher waren sie – da bin ich mir sicher – aromatischer und saftiger, und es gab sie nur kurze Zeit. Die große Nachfrage aber hat dafür gesorgt, dass sie fast das ganze Jahr erhältlich sind und die Früchte heute zum großen Teil Massenware sind: groß, fade und nur allzu oft mehlig. Glücklicherweise haben in den letzten Jahren anspruchsvolle (und nostalgische) Konsumenten dafür gesorgt, dass es, mit etwas Sucherei, im Sommer wieder möglich ist, richtig leckere Aprikosen mit goldgelbem, saftigem, aromatischem Fruchtfleisch zu finden. Kaufen Sie mindestens doppelt so viele, wie Sie brauchen, weil bei der Eiszubereitung garantiert auch ein paar Aprikosen in Ihrem Mund landen.

Ergibt etwa 1 Liter/15 Kugeln

Für den Sorbetsirup (ergibt 400 ml)
125 g Zucker
Stabilisator: 1 gestrichener TL Johannisbrotkernmehl oder 2 EL Stärke (Pfeilwurzstärke oder Speisestärke)
225 ml Wasser
50 g Glukosesirup oder -pulver oder flüssiger heller Honig

Für das Aprikoseneis
850 g vollaromatische, reife Aprikosen
4 EL Wasser

Für den Sorbetsirup

1. Zucker und Stabilisator in einer kleinen Schüssel sorgfältig mischen.

2. Wasser und Glukose oder Honig in einen Topf füllen und bis knapp unter den Siedepunkt erhitzen.

3. Die Zuckermischung unter ständigem Rühren in das heiße Wasser streuen. Weiterrühren, bis die Mischung zu köcheln beginnt, dann vom Herd nehmen.

4. Den Sirup lauwarm abkühlen lassen (hält sich auch bis zu 1 Woche im Kühlschrank).

Für das Aprikoseneis

1. Die Aprikosen waschen, entsteinen und mit dem Wasser in einen kleinen Topf geben.

2. Bei aufgesetztem Deckel 15 Minuten köcheln lassen, bis die Früchte weich gekocht sind und die Flüssigkeit mehr oder weniger verkocht ist.

3. Abkühlen lassen, dann (mit Häuten) mit dem Sorbetsirup pürieren.

4. Die Eismasse in die Eismaschine füllen und gefrieren, bis sie fest ist.

5. Vor dem Servieren das Aprikoseneis etwa 30 Minuten ins Gefrierfach stellen. Wenn es länger im Gefrierfach gelagert wurde und sehr fest ist, im Kühlschrank antauen lassen, bis es sich gut portionieren lässt.

SAFRAN & VANILLE

Vanille ist ein wunderbar exotisches Gewürz. Dabei handelt es sich um die Samenkapsel einer mittelamerikanischen Orchideenart, die bereits von den Azteken kultiviert und vom spanischen Eroberer Cortés in die Alte Welt gebracht wurde. Heute scheint das Aroma von Vanille untrennbar mit Desserts und vielen anderen Süßspeisen verbunden. Kaum ein Duft ist uns so vertraut wie Vanille, und offenbar erzeugt Vertrautheit auch Zufriedenheit. Safran ist, zumindest für mich, wesentlich exotischer als Vanille, obwohl seine Heimat so viel näher liegt als die der Vanille. Er kommt nämlich aus dem östlichen Mittelmeerraum und wird seit der Römerzeit in der europäischen Küche verwendet.

In jedem Fall ist dieses Rezept eine Hommage an zwei beruhigende Gewürze und an das Zusammentreffen von Aromen aus der Alten und der Neuen Welt. Im Geschmack ähnelt dieses Eis an Crema catalana, und wenn Sie Lust haben, können Sie noch eine dicke Karamellsauce grob unter das Eis ziehen.

Ergibt etwa 1 Liter/15 Kugeln

Für die Eisbasis (ergibt 800 ml)
130 g Zucker
40 g Magermilchpulver
Stabilisator: 1 gestrichener TL Johannisbrotkernmehl oder 2 EL Stärke (Pfeilwurzstärke oder Speisestärke)
640 ml Vollmilch
40 g Glukosesirup oder -pulver oder flüssiger heller Honig

Für das Safran-Vanille-Eis
1 Vanillestange
1 großzügige Prise Safranfäden
250 g Crème double

Für die Eisbasis

1. Zucker, Milchpulver und Stabilisator in einer kleinen Schüssel sorgfältig mischen.

2. Milch und Glukose oder Honig in einen Topf füllen und bis knapp unter den Siedepunkt erhitzen.

3. Die Zuckermischung unter ständigem Rühren in die heiße Milch streuen. Weiterrühren, bis die Mischung zu köcheln beginnt, dann vom Herd nehmen.

4. Das Eis zubereiten, solange die Eisbasis noch heiß ist. (Sie können die Eisbasis im

Voraus zubereiten und kalt stellen, müssen sie dann aber vor der Weiterverarbeitung wieder aufwärmen.)

Für das Safran-Vanille-Eis

1. Die Vanillestange aufschlitzen und zusammen mit den Safranfäden etwa 20 Minuten in der heißen Eisbasis ziehen lassen. Diese auf etwa 70 °C (dampfend heiß) halten.

2. Den Deckel aufsetzen, die Eisbasis erst auf Raumtemperatur abkühlen lassen und dann nach Belieben im Kühlschrank kalt stellen. (Diese Grundmasse hält sich bis zu 5 Tage, wenn sie nach dem Abkühlen sofort in den Kühlschrank gestellt wird.)

3. Die Vanillestange herausnehmen. Das Mark herauskratzen und in die Eisbasis rühren.

4. Die Crème double sorgfältig in die Eisbasis rühren. Die Eismasse in die Eismaschine füllen und gefrieren, bis sie fest ist.

5. Die Safranfäden können sich beim Gefrieren um das Rührwerk der Eismaschine schlingen. Wenn das Eis fertig ist, die Safranfäden vom Rührwerk lösen, wieder in die Eismasse geben und noch mal kurz rühren, damit sie gleichmäßig verteilt werden.

6. Vor dem Servieren das Safran-Vanille-Eis etwa 30 Minuten ins Gefrierfach stellen. Wenn es länger im Gefrierfach gelagert wurde und sehr fest ist, im Kühlschrank antauen lassen, bis es sich gut portionieren lässt.

Varianten

- Für einen persischen Touch ersetzen Sie die Vanillestange durch 6 grüne Kardamomkapseln.

- Ersetzen Sie die Hälfte der Crème double durch 40 ml natives Olivenöl extra. Oder vor dem Servieren mit etwas nativem Olivenöl beträufeln und vielleicht noch etwas Meersalz darüberstreuen.

- Für ein Crema-catalana-Eis bereiten Sie eine Portion Karamellsauce zu (siehe Seite 176) und ziehen diese grob unter das fertige Safran-Vanille-Eis. Damit das Eis besonders authentisch wird, rühren Sie 3 Eigelb in die durchgezogene heiße Eisbasis und lassen diese dann abkühlen.

MANGO

Meine früheste echte Erinnerung an ein bestimmtes Eisaroma ist, da bin ich mir sicher, Mango oder Melone, die ich immer bei Marine Ices in Camden schleckte. Wehe dem armen Eisverkäufer, wenn eine der beiden Eissorten ausverkauft war, was zum Glück selten vorkam. Ich mochte Mangos schon, als ich ganz klein war, als ich auf der Suche nach einer fruchtigen Säure an Mangosteinen geleckt und anstelle von Schnullern an Zitronenspalten genuckelt habe.

Für dieses Sorbet brauchen Sie richtig gute Mangos. Versuchen Sie Früchte der Sorte Alfonso zu bekommen oder längliche Thai-Mangos mit ihrer hellgelben Schale, hinter der sich safrangelbes aromatisches Fruchtfleisch versteckt. Die Eisqualität hängt im Wesentlichen von der Intensität des Mango-Aromas ab.

Ergibt etwa 1 Liter/15 Kugeln

Für den Sorbetsirup (ergibt 400 ml)
125 g Zucker
Stabilisator: 1 gestrichener TL Johannisbrotkernmehl oder 2 EL Stärke (Pfeilwurzstärke oder Speisestärke)
225 ml Wasser
50 g Glukosesirup oder -pulver oder flüssiger heller Honig

Für das Mango-Eis
900 g Mangos
Saft von 2 Limetten

Für den Sorbetsirup

1. Zucker und Stabilisator in einer kleinen Schüssel sorgfältig mischen.

2. Wasser und Glukose oder Honig in einen Topf füllen und bis knapp unter den Siedepunkt erhitzen.

3. Die Zuckermischung unter ständigem Rühren in das heiße Wasser streuen. Weiterrühren, bis die Mischung zu köcheln beginnt, dann vom Herd nehmen.

4. Den Sirup lauwarm abkühlen lassen (hält sich auch bis zu 1 Woche im Kühlschrank).

Für das Mango-Eis

1. Die Mangos schälen und das Fruchtfleisch vom Stein schneiden.

2. Mangofruchtfleisch und Limettensaft mit dem Sorbetsirup glatt pürieren. Die Eismasse in die Eismaschine füllen und gefrieren, bis sie fest ist.

3. Vor dem Servieren das Mango-Eis etwa 30 Minuten ins Gefrierfach stellen. Wenn es länger im Gefrierfach gelagert wurde und sehr fest ist, im Kühlschrank antauen lassen, bis es sich gut portionieren lässt.

KÜRBIS & ZIMT

Kürbisse *sind* Halloween. Doch während alle Kürbisse köstlich aussehen, sind viele (und sicherlich auch die leuchtend orangefarbenen Kürbisgeist-Kürbisse) doch nur faserig, wässrig und fade – zur bösen Überraschung vieler Köche und ihrer Opfer. Für ein leckeres Kürbisgericht braucht man feste, glatte, stärkehaltige, zuckerreiche Kürbisse: Die Sorten Kabocha, Hokkaido, Butternut oder Bischofsmütze bieten diese satten, wärmenden Aromen, nach denen einem im Herbst zumute ist.

Ergibt etwa 1 Liter/15 Kugeln

Für die Eisbasis (ergibt 800 ml)
130 g Zucker
40 g Magermilchpulver
Stabilisator: 1 gestrichener TL Johannisbrotkernmehl oder 2 EL Stärke (Pfeilwurzstärke oder Speisestärke)
640 ml Vollmilch
40 g Glukosesirup oder -pulver oder flüssiger heller Honig

Für das Kürbis-Zimt-Eis
350 g festes, orangefarbenes Kürbisfruchtfleisch
1 TL gemahlener Zimt
90 g Crème double
120 g Zucker

Für die Eisbasis

1. Zucker, Milchpulver und Stabilisator in einer kleinen Schüssel sorgfältig mischen.

2. Milch und Glukose oder Honig in einen Topf füllen und bis knapp unter den Siedepunkt erhitzen.

3. Die Zuckermischung unter ständigem Rühren in die heiße Milch streuen. Weiterrühren, bis die Mischung zu köcheln beginnt, dann vom Herd nehmen.

4. Den Deckel aufsetzen, die Eisbasis erst auf Raumtemperatur abkühlen lassen und dann nach Belieben im Kühlschrank kalt stellen. (Diese Grundmasse hält sich bis zu 5 Tage, wenn sie nach dem Abkühlen sofort in den Kühlschrank gestellt wird.)

Für das Kürbis-Zimt-Eis

1. Den Kürbis in etwa 2 cm große Würfel schneiden und im Zimt wenden.

2. Die Kürbiswürfel auf einem Backblech verteilen und im vorgeheizten Backofen bei 200 °C (180 °C Umluft, Gas: Stufe 6) 50 Minuten sehr weich garen. Abkühlen lassen.

3. Kürbiswürfel, Crème double und Zucker mit der Eisbasis glatt pürieren und durch ein feines Sieb in eine Schüssel streichen. Die Siebrückstände entsorgen.

4. Die Eismasse in die Eismaschine füllen und gefrieren, bis sie fest ist.

5. Vor dem Servieren das Kürbis-Zimt-Eis etwa 30 Minuten ins Gefrierfach stellen. Wenn es länger im Gefrierfach gelagert wurde und sehr fest ist, im Kühlschrank antauen lassen, bis es sich gut portionieren lässt.

APEROL-GRANITA

Der Aperitivo – und damit der omnipräsente Aperol Spritz – ist ein Geschenk des Veneto an die Welt. Einen tollen Spritz können Sie nicht nur mit Aperol, sondern auch mit Campari oder – vielleicht noch besser – mit Select zubereiten, und zu jedem Spritz gibt es die dazugehörige Granita. Verwenden Sie einfach den Aperitivo Ihrer Wahl.

Ergibt etwa 1 Liter/Für 5–8 Portionen

Für die Aperol-Granita
500 ml Prosecco
(oder trockener Weißwein)
300 ml Aperol
200 ml Wasser
100 g Zucker

Für die Aperol-Granita

1. Alle Zutaten in einer Schüssel mischen, bis sich der Zucker vollständig aufgelöst hat.

2. Die Masse in eine breite Form füllen und ins Gefrierfach stellen. Sobald sie am Rand zu gefrieren beginnt, alle 10–15 Minuten mit einer Gabel oder einem Schneebesen verrühren, bis die Masse fast vollständig durchgefroren ist – das dauert etwa 4 Stunden. Die fertige Granita sollte noch etwas feucht und slushig sein.

3. Wenn die Granita nicht sofort serviert wird, im Gefrierfach lagern. 20 Minuten vor dem Servieren herausnehmen und mit einer Gabel durchrühren. (Die Serviergläser mindestens 20 Minuten vorher ins Gefrierfach stellen.)

Varianten

- Ersetzen Sie den Aperol durch Campari oder Aperitivo Select.
- Ersetzen Sie den Aperol durch weißen Portwein, roten Portwein Ruby oder Sherry medium und in diesem Fall auch den Prosecco durch Tonic Water.
- Ersetzen Sie Aperol und Prosecco durch Moscato d'Asti.

MELONE

Wenn die Melonen anrollen ... dann immer gleich gewaltig. Die massiven Früchte erscheinen mir immer ein wenig absurd. Und wenn Wassermelonen im Sommer Saison haben, stapeln sie sich in den Supermärkten wie Kanonenkugeln. Ich weiß noch, dass ich schon als Kind beigebracht bekommen habe, wie man die beste Honigmelone auswählt: Sie sollte fest und schwer sein, und wenn man auf der Unterseite der Frucht (also nicht am Stielansatz) schnuppert, sollte es melonig duften. Sobald Sie also eine richtig gute Melone erschnüffelt haben, müssen Sie sie nur noch essen oder zu Sorbet verarbeiten.

Ergibt etwa 1 Liter/15 Kugeln

Für den Sorbetsirup (ergibt 400 ml)
Stabilisator: 1 gestrichener TL Johannisbrotkernmehl oder 2 EL Stärke (Pfeilwurzstärke oder Speisestärke)
225 ml Wasser
50 g Glukosesirup oder -pulver oder flüssiger heller Honig

Für das Meloneneis
1 vollaromatische, reife Cantaloupe-Melone (1–1,2 kg)

Für den Sorbetsirup

1. Zucker und Stabilisator in einer kleinen Schüssel sorgfältig mischen.

2. Wasser und Glukose oder Honig in einen Topf füllen und bis knapp unter den Siedepunkt erhitzen.

3. Die Zuckermischung unter ständigem Rühren in das heiße Wasser streuen. Weiterrühren, bis die Mischung zu köcheln beginnt, dann vom Herd nehmen.

4. Den Sirup lauwarm abkühlen lassen (hält sich auch bis zu 1 Woche im Kühlschrank).

Für das Meloneneis

1. Die Melone halbieren und die Kerne herauslösen.

2. Die Melone in Spalten schneiden, schälen und würfeln oder das Fruchtfleisch mit einem Löffel aus den Schalen lösen.

3. Das Melonenfruchtfleisch mit dem Sorbetsirup glatt pürieren. Die Eismasse in die Eismaschine füllen und gefrieren, bis sie fest ist.

4. Vor dem Servieren das Meloneneis etwa 30 Minuten ins Gefrierfach stellen. Wenn es länger im Gefrierfach gelagert wurde und sehr fest ist, im Kühlschrank antauen lassen, bis es sich gut portionieren lässt.

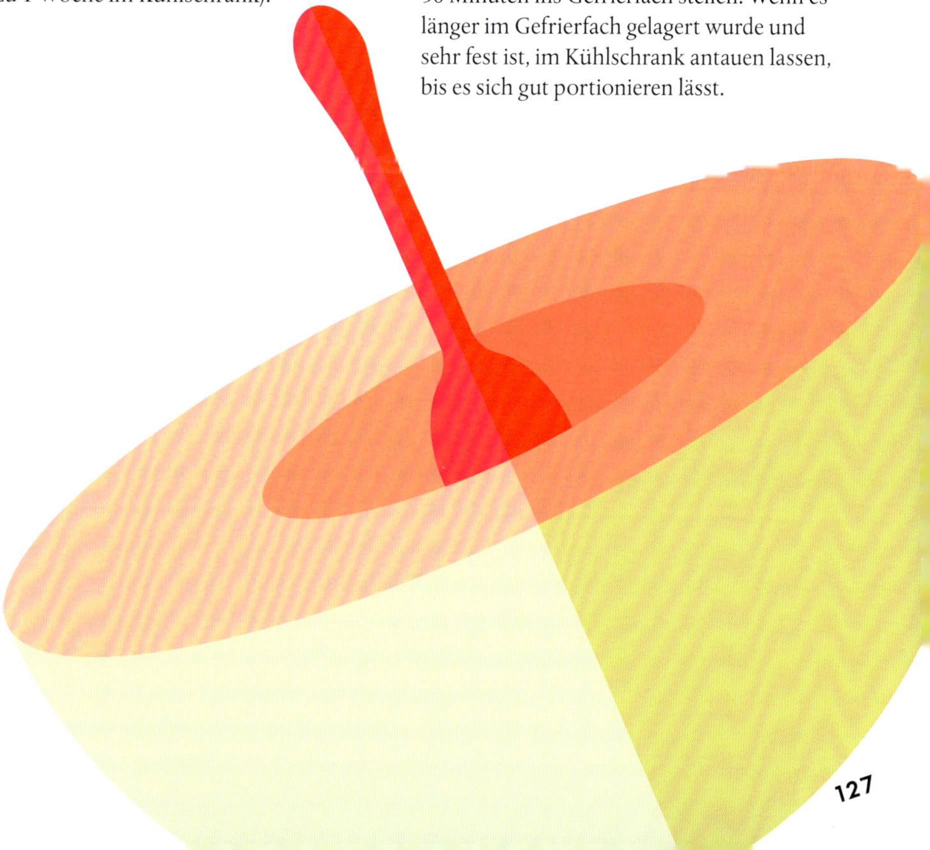

ORANGEN-SHERBET

Die Tatsache, dass es Orangen in jedem Supermarkt und Discounter, in jedem Obstkorb und in jedermanns Saftglas gibt, sollte ihren Wert nicht schmälern. Im Winter sind sie eine tolle Vitamin-C-Quelle, ein leuchtender Farbtupfen auf jedem Tisch und voller Aromen. Orangen-Sherbet (Sorbet mit Milch) tanzt auf Ihrer Zunge, und die milchig-samtige Textur schafft einen feinen Ausgleich zu den spritzigen Zitrusnoten.

Die Crème double kann durch den Orangensaft gerinnen. Was nicht weiter schlimm ist, da die Eismasse durch das Rühren und Gefrieren wieder homogen wird – vorausgesetzt, Sie geben die Masse sofort in die Eismaschine!

Ergibt etwa 1 Liter/15 Kugeln

Für den Sorbetsirup (ergibt 400 ml)
125 g Zucker
Stabilisator: 1 gestrichener TL Johannisbrotkernmehl oder 2 EL Stärke (Pfeilwurzstärke oder Speisestärke)
225 ml Wasser
50 g Glukosesirup oder -pulver oder flüssiger heller Honig

Für das Orangen-Sherbet
200 g Crème double
400 ml frisch gepresster Orangensaft (von etwa 8 Orangen)
40 g Zucker

Für den Sorbetsirup

1. Zucker und Stabilisator in einer kleinen Schüssel sorgfältig mischen.

2. Wasser und Glukose oder Honig in einen Topf füllen und bis knapp unter den Siedepunkt erhitzen.

3. Die Zuckermischung unter ständigem Rühren in das heiße Wasser streuen. Weiterrühren, bis die Mischung zu köcheln beginnt, dann vom Herd nehmen.

4. Den Sirup lauwarm abkühlen lassen (hält sich auch bis zu 1 Woche im Kühlschrank).

Für das Orangen-Sherbet

1. Crème double und Sorbetsirup in einer Schüssel sorgfältig verrühren.

2. Orangensaft und Zucker unterrühren.

3. Die Eismasse in die Eismaschine füllen und gefrieren, bis sie fest ist.

4. Vor dem Servieren das Orangen-Sherbet etwa 30 Minuten ins Gefrierfach stellen. Wenn es länger im Gefrierfach gelagert wurde und sehr fest ist, im Kühlschrank antauen lassen, bis es sich gut portionieren lässt.

Varianten

- Sie können den Orangen- durch Mandarinen- oder Clementinensaft ersetzen.
- Sie können dieses Sherbet auch mit einer Eisbasis (siehe Seite 238) zubereiten. Dafür den Sorbetsirup durch 500 ml Eisbasis ersetzen und nur 100 g Crème double verwenden.

KAKI

Kakifrüchte sind eine Weihnachtsdekoration der Natur, denn wenn im Winter die Kakibäume ihre Blätter verlieren, bleiben nur noch die leuchtend orangefarbenen Kugeln hängen.

Kakis können grob in zwei Sorten eingeteilt werden: zum einen die Fuyu-Kaki, die breiter als lang sind. Sie sind wunderbar fest und gleichzeitig auch weich und besser für Salate und zum Trocknen geeignet. Zum anderen gibt es die Hachiya-Kaki, deren eichelförmige (länger als breit) Früchte in unreifem Zustand schrecklich tanninhaltig sind, ausgereift aber köstlich süß schmecken. Diese Kaki-Sorte wird auch in Italien, wo man sie Cachi nennt, für die Herstellung von Sorbet verwendet. Die Kaki müssen in jedem Fall voll ausgereift sein. Wenn die Früchte beim Kauf noch nicht perfekt reif sind oder einfach nicht nachreifen wollen, geben Sie die ganzen Früchte über Nacht ins Gefrierfach und lassen Sie sie wieder auftauen: Dann sind sie fast geleeartig weich und lecker.

Ergibt etwa 1 Liter/15 Kugeln

Für den Sorbetsirup (ergibt 400 ml)
125 g Zucker
Stabilisator: 1 gestrichener TL Johannisbrotkernmehl oder 2 EL Stärke (Pfeilwurzstärke oder Speisestärke)
225 ml Wasser
50 g Glukosesirup oder -pulver oder flüssiger heller Honig

Für das Kaki-Eis
700 g vollreife Kaki (längliche, adstringierende Sorte)

Für den Sorbetsirup

1. Zucker und Stabilisator in einer kleinen Schüssel sorgfältig mischen.

2. Wasser und Glukose oder Honig in einen Topf füllen und bis knapp unter den Siedepunkt erhitzen.

3. Die Zuckermischung unter ständigem Rühren in das heiße Wasser streuen. Weiterrühren, bis die Mischung zu köcheln beginnt, dann vom Herd nehmen.

4. Den Sirup lauwarm abkühlen lassen (hält sich auch bis zu 1 Woche im Kühlschrank).

Für das Kaki-Eis

1. Die Kakis waschen und putzen.

2. Die Früchte mit dem Sorbetsirup glatt pürieren und durch ein feines Sieb in eine Schüssel passieren. Die Siebrückstände entsorgen.

3. Die Eismasse in die Eismaschine füllen und gefrieren, bis sie fest ist.

4. Vor dem Servieren das Kaki-Eis etwa 30 Minuten ins Gefrierfach stellen. Wenn es länger im Gefrierfach gelagert wurde und sehr fest ist, im Kühlschrank antauen lassen, bis es sich gut portionieren lässt.

MANDARINE

Keine andere Frucht kündigt den Winter so zuverlässig an wie Mandarinen oder Clementinen. Das leuchtend orange Fruchtfleisch und die floralen Noten sind wie ein Flakon konzentrierter Sommersonnenschein – leuchtende, wärmende Strahlen des Glücks in den dunklen, kalten Monaten. Während man für ein richtig gutes Orangeneis richtig gute Orangen braucht, ist die Wahl der Früchte für ein Mandarineneis nicht so alles entscheidend, und Sie können quasi jede Ware verwenden.

Ergibt etwa 1 Liter/15 Kugeln

Für den Sorbetsirup (ergibt 400 ml)
125 g Zucker
Stabilisator: 1 gestrichener TL Johannisbrotkernmehl oder 2 EL Stärke (Pfeilwurzstärke oder Speisestärke)
225 ml Wasser
50 g Glukosesirup oder -pulver oder flüssiger heller Honig

Für das Mandarineneis
1,5 kg Bio-Mandarinen

Für den Sorbetsirup

1. Zucker und Stabilisator in einer kleinen Schüssel sorgfältig mischen.

2. Wasser und Glukose oder Honig in einen Topf füllen und bis knapp unter den Siedepunkt erhitzen.

3. Die Zuckermischung unter ständigem Rühren in das heiße Wasser streuen. Weiterrühren, bis die Mischung zu köcheln beginnt, dann vom Herd nehmen.

4. Den Sirup lauwarm abkühlen lassen (hält sich auch bis zu 1 Woche im Kühlschrank).

Für das Mandarineneis

1. Drei Mandarinen heiß abspülen, trocknen und die Schale fein abreiben. Den Saft von allen Mandarinen auspressen und 600 ml abmessen (den Rest trinken).

2. Mandarinensaft und -schale mit dem Sorbetsirup verrühren.

3. Die Eismasse in die Eismaschine füllen und gefrieren, bis sie fest ist.

4. Vor dem Servieren das Mandarineneis etwa 30 Minuten ins Gefrierfach stellen. Wenn es länger im Gefrierfach gelagert wurde und sehr fest ist, im Kühlschrank antauen lassen, bis es sich gut portionieren lässt.

ERDBEER-GRANITA

Erdbeeren kündigen überall den Sommer an, so auch in Italien, wo sie südlich von Rom an den Hängen des Kratersees Lago di Nemi unweit der päpstlichen Sommerresidenz in der Nähe des Flughafens Ciampino extensiv angebaut werden. Erdbeer-Granita ist einfach köstlich, vor allem wenn sie mit fluffiger Schlagsahne serviert wird. Man kann die Granita auf herkömmliche Weise zubereiten (die Zutaten mischen und dann wie jede andere Granita einfrieren). Hier stelle ich Ihnen aber eine schnelle Version vor, die in gerade mal 5 Minuten fertig ist.

Ergibt etwa 800 ml/
Für 4–6 Portionen

Für die Erdbeer-Granita
500 g tiefgekühlte Erdbeeren
250 ml sehr kaltes Wasser
100 g Zucker

Zum Servieren (nach Belieben)
150 g Sahne, mit 1 EL Zucker steif geschlagen

Für die Erdbeer-Granita

1. Die Dessertgläser mindestens 20 Minuten vor der Zubereitung ins Gefrierfach stellen.

2. Die noch gefrorenen Erdbeeren mit Wasser und Zucker pürieren, bis die Masse slushig ist.

3. Sofort in die vorgekühlten Dessertgläser füllen und nach Belieben mit etwas Sahne servieren.

WALD-ERDBEER-SHERBET

Man könnte dieses Sherbet (Milchsorbet) mit jeder Erdbeersorte – sogar mit jeder anderen Beerenart – zubereiten. Hier aber verwende ich kleine Walderdbeeren, die durch ihre konzentrierten wunderbaren Aromen ein echtes Wunder sind. Sie sind genau das, was Kulturerdbeeren so sehr nachahmen wollen. Als Sherbet ist diese Zubereitung einen Tick reichhaltiger als ein Sorbet und ein bisschen leichter als eine Eiscreme. Und mit weniger Milch bleibt mehr Platz für mehr Beeren.

Ergibt etwa 1 Liter/15 Kugeln

Für den Sorbetsirup (ergibt 400 ml)

125 g Zucker
Stabilisator: 1 gestrichener TL Johannisbrotkernmehl oder 2 EL Stärke (Pfeilwurzstärke oder Speisestärke)
225 ml Wasser
50 g Glukosesirup oder -pulver oder flüssiger heller Honig

Für das Walderdbeer-Sherbet

200 g Crème double
400 g Walderdbeeren (oder Zuchterdbeeren oder eine Mischung), geputzt
80 g Zucker

Für den Sorbetsirup

1. Zucker und Stabilisator in einer kleinen Schüssel sorgfältig mischen.

2. Wasser und Glukose oder Honig in einen Topf füllen und bis knapp unter den Siedepunkt erhitzen.

3. Die Zuckermischung unter ständigem Rühren in das heiße Wasser streuen. Weiterrühren, bis die Mischung zu köcheln beginnt, dann vom Herd nehmen.

4. Den Sirup lauwarm abkühlen lassen (hält sich auch bis zu 1 Woche im Kühlschrank).

Für das Walderdbeer-Sherbet

1. Crème double und Erdbeeren mit dem Sorbetsirup glatt pürieren.

2. Die Eismasse in die Eismaschine füllen und gefrieren, bis sie fest ist.

3. Vor dem Servieren das Walderdbeer-Sherbet etwa 30 Minuten ins Gefrierfach stellen. Wenn es länger im Gefrierfach gelagert wurde und sehr fest ist, im Kühlschrank antauen lassen, bis es sich gut portionieren lässt.

Varianten

- Probieren Sie dieses Sherbet auch mal mit anderen Beeren, z. B. Himbeeren, Maulbeeren, Brombeeren oder Schwarzen Johannisbeeren.
- Ersetzen Sie die Crème double durch dieselbe Menge Mascarpone.
- Sie können dieses Sherbet auch mit einer Eisbasis (siehe Seite 238) zubereiten. Dafür den Sorbetsirup durch 500 ml Eisbasis ersetzen und nur 100 g Crème double verwenden.

ERDBEER-SHORTBREAD-SEMIFREDDO

Gelupo ist eine italienische Gelateria in London, und meistens machen wir kompromisslos italienisches Gelato. Aber manchmal stellen wir auch Gelato mit britischem Touch her. Dieses Parfait, gespickt mit Erdbeerstückchen und Shortbread, geht sogar noch einen Schritt weiter, denn meiner Meinung nach ist es eigentlich eine typisch britische Kombination, die einfach nach Art eines italienischen Desserts zubereitet wird – mit den ersten richtig guten Erdbeeren im Frühsommer einfach unschlagbar!

Für 12–14 Portionen

Für das Erdbeer-Shortbread-Semifreddo
3 Eier, getrennt
240 g Zucker
90 ml Chambord-Likör
700 g vollreife Erdbeeren, geputzt
60 g Glukosesirup oder -pulver oder flüssiger heller Honig
250 g Mascarpone
200 g Shortbread, in 1–2 cm lange Stücke gebrochen

Für das Erdbeer-Shortbread-Semifreddo

1. Eine Kastenform (2 Liter) oder eine Kuchenform (22–24 cm Ø) mit Backpapier oder Frischhaltefolie auskleiden.

2. Für die Baisermasse das Eiweiß mit der Hälfte des Zuckers in einem Topf verquirlen.

3. Unter ständigem Rühren sanft auf 70 °C (dampfend heiß) erhitzen, bis die Masse leicht eingedickt ist.

4. In die Küchenmaschine geben und auf hoher Stufe rühren, bis die Baisermasse steif und erkaltet ist. Alternativ ein Handrührgerät verwenden.

5. Eine Schüssel mit Eiswasser bereitstellen. Der Boden der Rührschüssel sollte später hineinpassen.

6. Das Eigelb in einer hitzebeständigen Rührschüssel mit dem restlichen Zucker und 1 EL Likör verrühren. Über einem heißen Wasserbad schlagen, bis die Masse hell und schaumig ist.

7. Die Schüssel vom Wasserbad nehmen und sofort ins Eisbad stellen. Rühren, bis die Eigelbmasse erkaltet ist.

8. Etwa 100 g Erdbeeren klein schneiden.

9. Die restlichen Erdbeeren mit dem restlichen Likör und der Glukose oder dem Honig glatt pürieren.

10. Den Mascarpone in eine große Schüssel füllen und nach und nach das Erdbeerpüree einarbeiten.

11. Die Eigelbmasse unter das Baiser heben und diese Masse dann unter die Mascarponemischung ziehen. In die vorbereitete Form füllen.

12. Das Shortbread und die klein geschnittenen Erdbeeren darauf verteilen. Die Form mehrmals auf die Arbeitsfläche schlagen, damit die Stücke etwas einsinken.

13. Abgedeckt mindestens 4 Stunden gefrieren, bis das Semifreddo relativ fest ist.

14. Falls das Semifreddo ganz fest geworden ist, vor dem Servieren im Kühlschrank antauen lassen, bis es halb gefroren, eben *semi-freddo* ist und sauber in Scheiben geschnitten werden kann.

ERDBEERE & ROSA PFEFFER

Ich weiß nicht mehr, wann ich versucht habe, Erdbeeren mit rosa Pfefferbeeren zu kombinieren. Ich erinnere mich aber noch, dass ich besonders pfiffig sein wollte und überzeugt war, Erdbeeren mit schwarzem Pfeffer seien altbacken und die Kombination mit rosa Pfefferbeeren die viel bessere. Ich sollte recht behalten.

Eine kleine Warnung: Durch das Gefrieren wird das Aroma der rosa Pfefferbeeren stärker. Wenn das Sorbet also länger als 24 Stunden aufbewahrt werden soll, mischen Sie erst mal die gemahlenen rosa Pfefferbeeren mit etwas Erdbeerpüree oder Orangensaft und lassen Sie die Mischung durchziehen. Damit können Sie die Sorbetmasse abschmecken.

Wenn Sie den rosa Pfeffer weglassen, haben Sie ein Erdbeersorbet, wie ich es immer gemacht habe. Aber seit wir in unserer Gelateria die rosarote (Pfeffer-) Brille aufhaben, vermissen wir es gar nicht.

Ergibt etwa 1 Liter/15 Kugeln

Für den Sorbetsirup (ergibt 400 ml)
125 g Zucker
Stabilisator: 1 gestrichener TL Johannisbrotkernmehl oder 2 EL Stärke (Pfeilwurzstärke oder Speisestärke)
225 ml Wasser
50 g Glukosesirup oder -pulver oder flüssiger heller Honig

Für das Erdbeer-Rosa-Pfeffer-Eis
600 g vollreife Erdbeeren, geputzt (aufgetaute tiefgekühlte Erdbeeren sind auch geeignet)
60 g Zucker
2 TL fein gemahlene rosa Pfefferbeeren (nach Belieben über Nacht in etwas Erdbeerpüree oder Orangensaft ziehen lassen, um die Aromaintensität besser regulieren zu können)

Für den Sorbetsirup

1. Zucker und Stabilisator in einer kleinen Schüssel sorgfältig mischen.

2. Wasser und Glukose oder Honig in einen Topf füllen und bis knapp unter den Siedepunkt erhitzen.

3. Die Zuckermischung unter ständigem Rühren in das heiße Wasser streuen. Weiterrühren, bis die Mischung zu köcheln beginnt, dann vom Herd nehmen.

4. Den Sirup lauwarm abkühlen lassen (hält sich auch bis zu 1 Woche im Kühlschrank).

Für das Erdbeer-Rosa-Pfeffer-Eis

1. Erdbeeren und Zucker mit dem Sorbetsirup glatt pürieren. Nach Belieben durch ein Sieb passieren, um die Nüsschen zu entfernen. Mit dem Pfeffer abschmecken.

2. Die Eismasse in die Eismaschine füllen und gefrieren, bis sie fest ist.

3. Vor dem Servieren das Eis etwa 30 Minuten ins Gefrierfach stellen. Wenn es länger im Gefrierfach gelagert wurde und sehr fest ist, im Kühlschrank antauen lassen, bis es sich gut portionieren lässt.

Variation

Für ein einfaches Erdbeersorbet die rosa Pfefferbeeren einfach weglassen.

JOGHURT & WALDBEEREN

Dieses Gelato gehört zu meinen Lieblingseissorten. Es fühlt sich gesünder an als andere (unterm Strich ist es wahrscheinlich so schlecht für den Körper und so gut für die Seele wie jedes andere Eis auch), und der feinsäuerliche Joghurt bringt die wunderbaren Beerenaromen bestens zur Geltung.

Ergibt etwa 1 Liter/15 Kugeln

Für den Sorbetsirup (ergibt 400 ml)
125 g Zucker
Stabilisator: 1 gestrichener TL Johannisbrotkernmehl oder 2 EL Stärke (Pfeilwurzstärke oder Speisestärke)
225 ml Wasser
50 g Glukosesirup oder -pulver oder flüssiger heller Honig

Für das Joghurt-Waldbeer-Eis
350 g griechischer Joghurt
250 g frische oder tiefgekühlte Waldbeerenmischung
25 g Zucker

Für den Sorbetsirup

1. Zucker und Stabilisator in einer kleinen Schüssel sorgfältig mischen.

2. Wasser und Glukose oder Honig in einen Topf füllen und bis knapp unter den Siedepunkt erhitzen.

3. Die Zuckermischung unter ständigem Rühren in das heiße Wasser streuen. Weiterrühren, bis die Mischung zu köcheln beginnt, dann vom Herd nehmen.

4. Den Sirup lauwarm abkühlen lassen (hält sich auch bis zu 1 Woche im Kühlschrank).

Für das Joghurt-Waldbeer-Eis

1. Joghurt, Beeren und Zucker mit dem Sorbetsirup glatt pürieren.

2. Die Masse nach Belieben durch ein feines Sieb in eine Schüssel passieren, um die Kerne zu entfernen. Ich passiere meist die Hälfte, damit wenigstens ein paar Kerne erhalten bleiben, um mich daran zu erinnern, dass echte Früchte im Eis sind, aber eben nicht so viele, dass sie mich nerven. Die Siebrückstände entsorgen.

3. Die Eismasse in die Eismaschine füllen und gefrieren, bis sie fest ist.

4. Vor dem Servieren das Joghurt-Waldbeer-Eis etwa 30 Minuten ins Gefrierfach stellen. Wenn es länger im Gefrierfach gelagert wurde und sehr fest ist, im Kühlschrank antauen lassen, bis es sich gut portionieren lässt.

WASSER-MELONEN-GRANITA

Eine Granita ist außerordentlich erfrischend – genauso wie Wassermelone. Ich finde ja, dass überhaupt gar nichts so erfrischend ist wie ein gekühltes Stück Wassermelone, und nur knapp dahinter kommt diese Granita. Sie hat den zusätzlichen Vorteil, dass man damit auch Cocktails zubereiten kann. Geben Sie also mal einen guten Schuss Wodka rein oder Gin mit einem Touch Ingwer und einem Tropfen Jasminwasser (oder Orangenblüten- oder Rosenwasser) – ein echter Knaller.

Ergibt etwa 1 Liter/Für 5–8 Portionen

Für die Wassermelonen-Granita
etwa 2 kg Wassermelone
110 g Zucker

Für die Wassermelonen-Granita

1. Die Melone in Spalten schneiden und schälen. Das Fruchtfleisch in Stücke schneiden, glatt pürieren und durch ein feines Sieb in eine Schüssel passieren, um die Kerne zu entfernen. Die Siebrückstände entsorgen.

2. 1 Liter Wassermelonensaft abmessen (den Rest trinken). Den Zucker hinzufügen und rühren, bis er sich vollständig aufgelöst hat.

3. Die Masse in eine breite Form füllen und ins Gefrierfach stellen. Sobald sie am Rand zu gefrieren beginnt, alle 10–15 Minuten mit einer Gabel oder einem Schneebesen verrühren, bis sie fast vollständig durchgefroren ist – das dauert etwa 4 Stunden. Die fertige Granita sollte noch etwas feucht und slushig sein.

4. Wenn die Granita nicht sofort serviert wird, im Gefrierfach lagern. 20 Minuten vor dem Servieren herausnehmen und mit einer Gabel durchrühren. (Die Serviergläser mindestens 20 Minuten vorher ins Gefrierfach stellen.)

BLUT-ORANGEN-GRANITA

So einfach und doch so unglaublich raffiniert, erfrischend und spritzig. Blutorangen-Granita, nur aus Blutorangensaft und Zucker hergestellt, ist ein echtes Highlight und lohnt definitiv immer eine zweite Portion. Ich serviere diese Granita gern mit gerösteten Mandeln und Minze oder mische sie mit Wodka als eine Art Frozen Screwdriver. Dieses Rezept sollte im Winter zu jedem Küchenrepertoire gehören, wenn die köstlichen sizilianischen Blutorangen besonders blutig sind.

Ergibt etwa 1 Liter/Für 5–8 Portionen

Für die Blutorangen-Granita

1 Liter frisch gepresster Blutorangensaft (von etwa 2,5 kg Blutorangen)
120 g Zucker

Zum Garnieren

einige frische Minzezweige, Blätter abgezupft und gehackt
einige EL Mandelblättchen, mit Puderzucker geröstet

Für die Blutorangen-Granita

1. Blutorangensaft und Zucker in einer Schüssel verrühren, bis sich der Zucker aufgelöst hat.

2. Die Mischung in eine breite Form füllen und ins Gefrierfach stellen. Sobald sie am Rand zu gefrieren beginnt, alle 10–15 Minuten mit einer Gabel oder einem Schneebesen verrühren, bis sie fast vollständig durchgefroren ist – das dauert etwa 4 Stunden. Die fertige Granita sollte noch etwas feucht und slushig sein.

3. Wenn die Granita nicht sofort serviert wird, im Gefrierfach lagern. 20 Minuten vor dem Servieren herausnehmen und mit einer Gabel durchrühren. (Die Serviergläser mindestens 20 Minuten vorher ins Gefrierfach stellen.)

BLUT-ORANGE

In den dunklen Wintermonaten gab es bei uns immer Blutorangen. Meine Mutter schleppte sie säckeweise nach Hause, und wir liebten die aromatischen Früchte. Morgens wachte ich vom Duft frisch gepresster Blutorangen auf, und in der kurzen Saison gab es alle ein bis zwei Wochen ein Dessert aus Blutorangen mit Knusperkaramell.

Jetzt sind die Rollen vertauscht: Ich bringe ganze Berge Blutorangen zu meiner Mutter, sobald sie Saison haben, und wir sortieren sie nach Qualität, wenn die sizilianische Ernte fortschreitet und die Früchte immer röter und besser werden. Wir wetteifern darum, wer von uns beiden mehr Blutorangeneis essen kann, bevor die Saison abrupt endet.

Verwenden Sie für dieses Eis nur die besten, aromatischsten Blutorangen, die Sie finden können, und damit es wirklich gelingt, entsaften Sie die Orangen selbst.

Ergibt etwa 1 Liter/15 Kugeln

Für den Sorbetsirup (ergibt 400 ml)

125 g Zucker
Stabilisator: 1 gestrichener TL Johannisbrotkernmehl oder 2 EL Stärke (Pfeilwurzstärke oder Speisestärke)
225 ml Wasser
50 g Glukosesirup oder -pulver oder flüssiger heller Honig

Für das Blutorangeneis

600 ml Blutorangensaft (von etwa 1,5 kg Blutorangen)

Für den Sorbetsirup

1. Zucker und Stabilisator in einer kleinen Schüssel sorgfältig mischen.

2. Wasser und Glukose oder Honig in einen Topf füllen und bis knapp unter den Siedepunkt erhitzen.

3. Die Zuckermischung unter ständigem Rühren in das heiße Wasser streuen. Weiterrühren, bis die Mischung zu köcheln beginnt, dann vom Herd nehmen.

4. Den Sirup lauwarm abkühlen lassen (hält sich auch bis zu 1 Woche im Kühlschrank).

Für das Blutorangeneis

1. Den Blutorangensaft gut mit dem Sorbetsirup verrühren. Die Eismasse in die Eismaschine füllen und gefrieren, bis sie fest ist.

2. Vor dem Servieren das Blutorangeneis etwa 30 Minuten ins Gefrierfach stellen. Wenn es länger im Gefrierfach gelagert wurde und sehr fest ist, im Kühlschrank antauen lassen, bis es sich gut portionieren lässt.

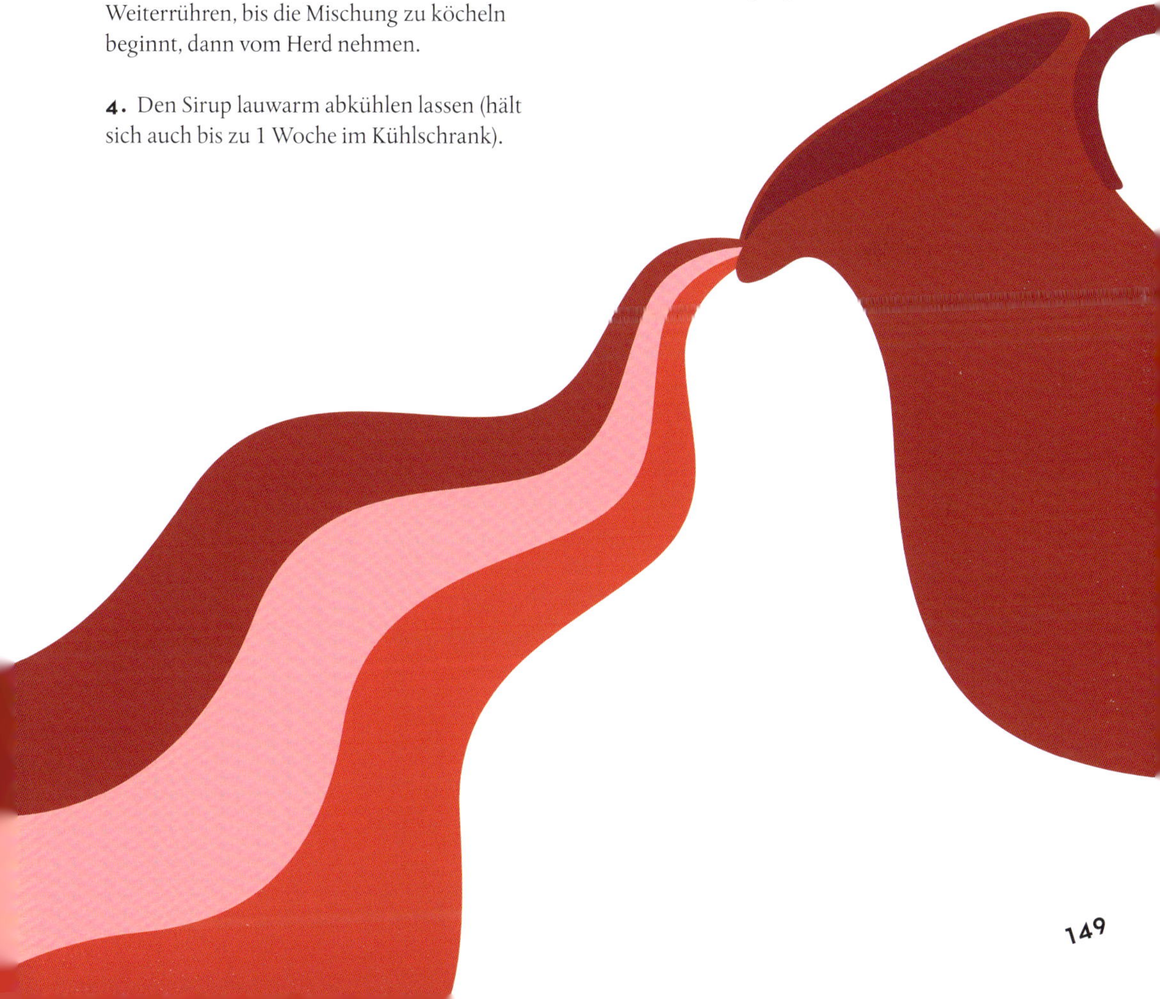

HIMBEERE

Oh, wow, Himbeeren! Dieses Sorbet gehört zu den besten! Himbeeren haben etwas so Intensives und Leckeres, vielleicht weil sie die Kultivierung besser als andere Wildbeeren überstanden haben. Während Brombeeren, Blaubeeren oder Erdbeeren an Intensität – und Seele – verloren haben, sind Himbeeren nach wie vor herrlich rot und duftend. Sie sind verführerisch wie rote Lippen, also werfe ich Ihnen mit diesem Rezept einen Himbeerkuss zu.

Ergibt etwa 1 Liter/15 Kugeln

Für den Sorbetsirup (ergibt 400 ml)
125 g Zucker
Stabilisator: 1 gestrichener TL Johannisbrotkernmehl oder 2 EL Stärke (Pfeilwurzstärke oder Speisestärke)
225 ml Wasser
50 g Glukosesirup oder -pulver oder flüssiger heller Honig

Für das Himbeereis
600 g frische oder tiefgekühlte Himbeeren
30 g Zucker

Für den Sorbetsirup

1. Zucker und Stabilisator in einer kleinen Schüssel sorgfältig mischen.

2. Wasser und Glukose oder Honig in einen Topf füllen und bis knapp unter den Siedepunkt erhitzen.

3. Die Zuckermischung unter ständigem Rühren in das heiße Wasser streuen. Weiterrühren, bis die Mischung zu köcheln beginnt, dann vom Herd nehmen.

4. Den Sirup lauwarm abkühlen lassen (hält sich auch bis zu 1 Woche im Kühlschrank).

Für das Himbeereis

1. Himbeeren und Zucker mit dem Sorbetsirup glatt pürieren.

2. Nach Belieben durch ein feines Sieb in eine Schüssel passieren, um die Kerne zu entfernen. Ich passiere meist die Hälfte, damit wenigstens ein paar Kerne erhalten bleiben, um mich daran zu erinnern, dass echte Früchte drin sind, aber eben nicht so viele, dass sie mich nerven. Die Siebrückstände entsorgen.

3. Die Eismasse in die Eismaschine füllen und gefrieren, bis sie fest ist.

4. Vor dem Servieren das Himbeereis etwa 30 Minuten ins Gefrierfach stellen. Wenn es länger im Gefrierfach gelagert wurde und sehr fest ist, im Kühlschrank antauen lassen, bis es sich gut portionieren lässt.

BACKPFLAUME

Pflaumen und Zwetschgen sind die letzten Früchte, die der Sommer zu bieten hat. In ihnen steckt die ganze Kraft der Sommersonne, aber auch schon ein Hauch von Herbst. Das Sorbet profitiert davon, wenn die Pflaumenaromen vorher konzentriert werden. Deshalb backe ich sie im Ofen und mache ein leckeres Kompott daraus.

Ergibt etwa 1 Liter/15 Kugeln

Für den Sorbetsirup (ergibt 400 ml)

125 g Zucker
Stabilisator: 1 gestrichener TL Johannisbrotkernmehl oder 2 EL Stärke (Pfeilwurzstärke oder Speisestärke)
225 ml Wasser
50 g Glukosesirup oder -pulver oder flüssiger heller Honig

Für das Backpflaumeneis

1 kg weiche, vollreife Pflaumen, halbiert und entsteint
Saft von 1/2 Zitrone
50 g Zucker

Für den Sorbetsirup

1. Zucker und Stabilisator in einer kleinen Schüssel sorgfältig mischen.

2. Wasser und Glukose oder Honig in einen Topf füllen und bis knapp unter den Siedepunkt erhitzen.

3. Die Zuckermischung unter ständigem Rühren in das heiße Wasser streuen. Weiterrühren, bis die Mischung zu köcheln beginnt, dann vom Herd nehmen.

4. Den Sirup lauwarm abkühlen lassen (hält sich auch bis zu 1 Woche im Kühlschrank).

Für das Backpflaumeneis

1. Den Backofen auf 200 °C (180 °C Umluft, Gas: Stufe 6) vorheizen.

2. Die Pflaumen in eine Bratform geben – der Boden sollte dicht mit Früchten bedeckt sein, sie dürfen auch leicht übereinanderliegen. Mit dem Zitronensaft beträufeln und mit dem Zucker bestreuen.

3. Im vorgeheizten Ofen etwa 40 Minuten backen, bis sie weich und die Aromen konzentriert sind.

4. Die Backpflaumen samt Saft wiegen, wenn es weniger als 600 g sind, mit Wasser auffüllen. Früchte und Saft mit dem Sorbetsirup glatt pürieren.

5. Die Eismasse in die Eismaschine füllen und gefrieren, bis sie fest ist.

6. Vor dem Servieren das Backpflaumeneis etwa 30 Minuten ins Gefrierfach stellen. Wenn es länger im Gefrierfach gelagert wurde und sehr fest ist, im Kühlschrank antauen lassen, bis es sich gut portionieren lässt.

FRAGOLA-TRAUBEN-GRANITA

Fragola-Trauben (Erdbeertrauben) sind schon was Besonderes: Dickschalig, süß und intensiv nach Walderdbeeren duftend, sind sie eigentlich die ultimativen Tafeltrauben. Sie gehören nicht zu den Edelreben (*Vitis vinifera*, »die weintragende Rebe«), deren Trauben gern gegessen werden oder in der Flasche landen, sondern zu den Wildreben (*Vitis labrusca*), die in Nordamerika beheimatet sind. Ihre dicke Schale lässt sich leicht abziehen, was man aber nicht tun sollte, weil sie viele Aromen enthält, und ihr Fruchtfleisch duftet intensiv nach Walderdbeeren.

So wie die Edelrebe in die Neue Welt gelangte, kam in umgekehrter Richtung die Wildrebe auch nach Italien, wo die Trauben von Ende August bis November geerntet werden (als Tafeltrauben und für einen fruchtigen lieblichen Schaumwein). Die häufigste Sorte in den USA ist die violette Concord (aus der größtenteils Traubensaft hergestellt wird), aber auch die grüne Niagara ist superlecker.

In der Saison sind Fragola-Trauben im Fruchtfachhandel erhältlich. Bevor Sie sich aber die Hacken danach ablaufen, können Sie auch eine andere Sorte wie Black Muscat verwenden.

Ergibt etwa 1 Liter/Für 5–8 Portionen

Für die Fragola-Trauben-Granita

1,2 kg Fragola-Trauben (Sorte Concord oder Niagara)
110 g Zucker

Zum Servieren (nach Belieben)

150 g Sahne, mit 1 EL Zucker steif geschlagen

Für die Fragola-Trauben-Granita

1. Die Trauben waschen, gut abtropfen lassen und mit dem Zucker pürieren. Dabei den Motor nicht zu schnell laufen lassen, damit die Kerne möglichst nicht zerkleinert werden.

2. Die Masse durch ein feines Sieb in eine Schüssel passieren. Die Siebrückstände entsorgen.

3. In eine breite Form füllen und ins Gefrierfach stellen. Sobald sie am Rand zu gefrieren beginnt, alle 10–15 Minuten mit einer Gabel oder einem Schneebesen verrühren, bis sie fast vollständig durchgefroren ist – das dauert etwa 4 Stunden. Die fertige Granita sollte noch etwas feucht und slushig sein.

4. Wenn die Granita nicht sofort serviert wird, im Gefrierfach lagern. 20 Minuten vor dem Servieren herausnehmen und mit einer Gabel durchrühren. (Die Serviergläser mindestens 20 Minuten vorher ins Gefrierfach stellen.)

KIRSCH-SAMBUCA-GRANITA

Rote Früchte und Anisaromen sind wie Yin und Yang. Kirsche, Pflaume oder Himbeere in Kombination mit Fenchel, Anis oder Süßholz wird Sie umhauen. Und wenn Sie dann noch einen kleinen Schuss Alkohol hinzufügen, begeben Sie sich auf verflixt verführerisches Terrain. Hier kommt eine Version mit Kirschen und Sambuca – am besten mit Schlagsahne genießen.

Ergibt etwa 1 Liter/Für 5–8 Portionen

Für die Kirsch-Sambuca-Granita

500 g Süßkirschen, entsteint (oder 400 g entsteinte frische oder tiefgekühlte Kirschen)
75 ml Sambuca (oder ein anderer Anislikör)
350 ml Wasser
175 g Zucker

Zum Servieren (nach Belieben)

150 g Sahne, mit 1 EL Zucker steif geschlagen

Für die Kirsch-Sambuca-Granita

1. Die Kirschen mit den restlichen Zutaten glatt pürieren. (Ich passiere die Masse normalerweise nicht durch ein Sieb, weil die winzigen Kirschschalenstücke die Granita natürlicher schmecken lassen.)

2. Die Masse in eine breite Form füllen und ins Gefrierfach stellen. Sobald sie am Rand zu gefrieren beginnt, alle 10–15 Minuten mit einer Gabel oder einem Schneebesen verrühren, bis sie fast vollständig durchgefroren ist – das dauert etwa 4 Stunden. Die fertige Granita sollte noch etwas feucht und slushig sein.

3. Wenn die Granita nicht sofort serviert wird, im Gefrierfach lagern. 20 Minuten vor dem Servieren herausnehmen und mit einer Gabel durchrühren. (Die Serviergläser mindestens 20 Minuten vorher ins Gefrierfach stellen.)

HALWA

Halwa ist eine Art Sesamnugat und stammt von der Levante. Als Kind war es neben Eis meine Lieblingsschleckerei, und ich würde es auch heute gern häufiger essen, wenn ich noch den Stoffwechsel eines Jugendlichen hätte – es ist ja doch sehr reichhaltig und süß.

Ergibt etwa 1 Liter/15 Kugeln

Für die Eisbasis (ergibt 800 ml)
130 g Zucker
40 g Magermilchpulver
Stabilisator: 1 gestrichener TL Johannisbrotkernmehl oder 2 EL Stärke (Pfeilwurzstärke oder Speisestärke)
640 ml Vollmilch
40 g Glukosesirup oder -pulver oder flüssiger heller Honig

Für das Halwa-Eis
6 EL helles oder dunkles Tahin (Sesammus)
40 ml Vollmilch
1 EL Honig
30 g Bitterschokolade (70 % Kakaoanteil), gehackt
1 EL Kakaobutter oder Kokosöl
120 g Sesamhalwa, in 1 cm große Würfel geschnitten, gekühlt

Für die Eisbasis

1. Zucker, Milchpulver und Stabilisator in einer kleinen Schüssel sorgfältig mischen.

2. Milch und Glukose oder Honig in einen Topf füllen und bis knapp unter den Siedepunkt erhitzen.

3. Die Zuckermischung unter ständigem Rühren in die heiße Milch streuen. Weiterrühren, bis die Mischung zu köcheln beginnt, dann vom Herd nehmen.

4. Den Deckel aufsetzen, die Eisbasis erst auf Raumtemperatur abkühlen lassen und dann nach Belieben im Kühlschrank kalt stellen. (Diese Grundmasse hält sich bis zu 5 Tage, wenn sie nach dem Abkühlen sofort in den Kühlschrank gestellt wird.)

Für das Halwa-Eis

1. Tahin, Milch und Honig sorgfältig in die Eisbasis rühren. Die Eismasse in die Eismaschine füllen und gefrieren, bis sie fest ist.

2. Inzwischen die Schokolade mit der Kakaobutter oder dem Kokosöl in einer hitzebeständigen Schüssel über einem Wasserbad oder in der Mikrowelle bei geringer Wattzahl schmelzen. Lauwarm abkühlen lassen.

3. Wenn das Eis so fest ist, dass es fertig gefroren aussieht, aber sich noch nicht am Rührblatt zusammenballt, die Schokolade bei laufendem Motor in einem dünnen Strahl in die Eismasse gießen. Durch das Rührwerk wird die Schokolade beim Erstarren in kleine Stücke gebrochen. Je dünner der Strahl, desto feiner die Schokostücke.

4. Das Eis in einen Gefrierbehälter füllen und die Halwawürfel unterziehen.

5. Vor dem Servieren das Halwa-Eis etwa 30 Minuten ins Gefrierfach stellen. Wenn es länger im Gefrierfach gelagert wurde und sehr fest ist, im Kühlschrank antauen lassen, bis es sich gut portionieren lässt.

LAKRITZ

An Lakritz scheiden sich die Geister. Ich vermute mal, dass es die kräftige, holzige, erdige Bitterkeit ist, die viele nicht mögen. Genau diese geschmacklichen Eigenschaften sind es, die andere wiederum so sehr schätzen, sobald das Gehirn gelernt hat, dass der bittere Geschmack nicht gefährlich ist und im Gegenteil seinen ganz besonderen Reiz hat.

Lakritzeis macht sich großartig mit anderen cremigen Eissorten – man denke an Fior-di-Latte-Eis (siehe Seite 30), Ricotta-Sauerkirsch-Eis (siehe Seite 88) oder Marron glacé (siehe Seite 162). Und in Kombination mit den Aromen von roten Früchten ist es gar sensationell. Sie sollten also wirklich mal Lakritzeis in Kombination mit Himbeereis (siehe Seite 150) probieren!

Ergibt etwa 1 Liter/15 Kugeln

Für die Eisbasis (ergibt 800 ml)
130 g Zucker
40 g Magermilchpulver
Stabilisator: 1 gestrichener TL Johannisbrotkernmehl oder 2 EL Stärke (Pfeilwurzstärke oder Speisestärke)
640 ml Vollmilch
40 g Glukosesirup oder -pulver oder flüssiger heller Honig

Für das Lakritzeis
100 g weiches Lakritz (salzig oder süß, ganz nach Ihrem Geschmack)
200 g Crème double

Für die Eisbasis

1. Zucker, Milchpulver und Stabilisator in einer kleinen Schüssel sorgfältig mischen.

2. Milch und Glukose oder Honig in einen Topf füllen und bis knapp unter den Siedepunkt erhitzen

3. Die Zuckermischung unter ständigem Rühren in die heiße Milch streuen. Weiterrühren, bis die Mischung zu köcheln beginnt, dann vom Herd nehmen.

4. Das Eis zubereiten, solange die Eisbasis noch heiß ist. (Sie können die Eisbasis im Voraus zubereiten und kalt stellen, müssen sie dann aber vor der Weiterverarbeitung wieder aufwärmen.)

Für das Lakritzeis

1. Das Lakritz in die heiße Eisbasis geben und diese warm halten, bis die Lakritzstücke geschmolzen sind. Gegebenenfalls mit einem Stabmixer nachhelfen.

2. Die Crème double sorgfältig unterrühren. Die Masse durch ein feines Sieb in eine Schüssel passieren, um eventuelle kleine Lakritzstücke zu entfernen (und in den Mund wandern zu lassen).

3. Die Eismasse in die Eismaschine füllen und gefrieren, bis sie fest ist.

4. Vor dem Servieren das Lakritzeis etwa 30 Minuten ins Gefrierfach stellen. Wenn es länger im Gefrierfach gelagert wurde und sehr fest ist, im Kühlschrank antauen lassen, bis es sich gut portionieren lässt.

MARRON GLACÉ

Über viele Jahrhunderte galten Maronen, also Esskastanien, als Arme-Leute-Essen. Nicht so kandierte Maronen, Marrons glacés, deren Zubereitung viel Geschick und Ausdauer erfordert und die dadurch so kostbar wurden, dass sie eher den Wohlhabenden vorbehalten waren. Denn selbst die besten Maronen brechen nur allzu oft beim wiederholten Kochen in verschiedenen Zuckersirupstärken, sodass diese Schönheiten kaum mehr Wert haben. Daher ist es wesentlich günstiger und praktischer, gesüßtes Maronenpüree oder kandierten Maronenbruch zu kaufen, aus denen sich köstliche Eiscreme zubereiten lässt. Weil kandierte Maronen einen hohen Zuckergehalt haben, setze ich als Gegenspieler zum Zucker Crème double ein (Zucker macht das Eis weich, Rahm festigt es), was dazu führt, dass das Eis nur noch köstlicher schmeckt.

Ergibt etwa 1 Liter/15 Kugeln

Für die Eisbasis (ergibt 800 ml)
130 g Zucker
40 g Magermilchpulver
Stabilisator: 1 gestrichener TL Johannisbrotkernmehl oder 2 EL Stärke (Pfeilwurzstärke oder Speisestärke)
640 ml Vollmilch
40 g Glukosesirup oder -pulver oder flüssiger heller Honig

Für das Marron-glacé-Eis
250 g gezuckertes Maronenpüree
150 g Crème double
4 kandierte Maronen, gehackt (nach Belieben)

Für die Eisbasis

1. Zucker, Milchpulver und Stabilisator in einer kleinen Schüssel sorgfältig mischen.

2. Milch und Glukose oder Honig in einen Topf füllen und bis knapp unter den Siedepunkt erhitzen.

3. Die Zuckermischung unter ständigem Rühren in die heiße Milch streuen. Weiterrühren, bis die Mischung zu köcheln beginnt, dann vom Herd nehmen.

4. Den Deckel aufsetzen, die Eisbasis erst auf Raumtemperatur abkühlen lassen und dann nach Belieben im Kühlschrank kalt stellen. (Diese Grundmasse hält sich bis zu 5 Tage, wenn sie nach dem Abkühlen sofort in den Kühlschrank gestellt wird.)

Für das Marron-glacé-Eis

1. Maronenpüree und Crème double mit der Eisbasis glatt verrühren.

2. Die Eismasse in die Eismaschine füllen und gefrieren, bis sie fest ist. Kurz vor Ende die kandierten Maronenstücke, falls verwendet, bei laufendem Motor in die Eismasse geben.

3. Vor dem Servieren das Marron-glacé-Eis etwa 30 Minuten ins Gefrierfach stellen. Wenn es länger im Gefrierfach gelagert wurde und sehr fest ist, im Kühlschrank antauen lassen, bis es sich gut portionieren lässt.

HASELNUSS

Haselnuss (Nocciola) ist eine der klassischsten Eissorten. Es ist (fast) jedermanns Liebling seit Kindertagen, passt zu ziemlich jeder anderen Eissorte und ist sehr italienisch. Haselnusseis ist das Aushängeschild der meisten Gelaterias, die oft nach der Qualität ihres Gelato nocciola beurteilt werden. Seine Zubereitung zeugt auch immer vom eigenen Qualitäts- und Traditionsbewusstsein, also legen Sie sich ins Zeug.

Wie bei Pistazie (siehe Seite 76) ist auch für Haselnusseis eine hochwertige feine Nusspaste das A und O. Sie besteht idealerweise aus 100 % piemontesischen Haselnüssen (Nocciole tonde di Piemonte oder Tonda gentile del Langhe), die auf denselben Böden gedeihen wie Trüffeln und die Trauben, aus denen Barolo gekeltert wird. Die Paste sollte fein gemahlen, ohne Zucker- oder andere Zusätze sein und dunkel geröstet aussehen.

Ergibt etwa 1 Liter/15 Kugeln

Für die Eisbasis (ergibt 800 ml)
130 g Zucker
40 g Magermilchpulver
Stabilisator: 1 gestrichener TL Johannisbrotkernmehl oder 2 EL Stärke (Pfeilwurzstärke oder Speisestärke)
640 ml Vollmilch
40 g Glukosesirup oder -pulver oder flüssiger heller Honig

Für das Haselnusseis
180 g Haselnussmus
2 TL Zucker

Für die Eisbasis

1. Zucker, Milchpulver und Stabilisator in einer kleinen Schüssel sorgfältig mischen.

2. Milch und Glukose oder Honig in einen Topf füllen und bis knapp unter den Siedepunkt erhitzen.

3. Die Zuckermischung unter ständigem Rühren in die heiße Milch streuen. Weiterrühren, bis die Mischung zu köcheln beginnt, dann vom Herd nehmen.

4. Den Deckel aufsetzen, die Eisbasis erst auf Raumtemperatur abkühlen lassen und dann nach Belieben im Kühlschrank kalt stellen. (Diese Grundmasse hält sich bis zu 5 Tage, wenn sie nach dem Abkühlen sofort in den Kühlschrank gestellt wird.)

Für das Haselnusseis

1. Haselnussmus und Zucker sorgfältig in die Eisbasis rühren.

2. Die Eismasse in die Eismaschine füllen und gefrieren, bis sie fest ist.

3. Vor dem Servieren das Haselnusseis etwa 30 Minuten ins Gefrierfach stellen. Wenn es länger im Gefrierfach gelagert wurde und sehr fest ist, im Kühlschrank antauen lassen, bis es sich gut portionieren lässt.

GERÖSTETE MANDEL

Mandeleis kann mit Milch (wie dieses hier) oder ohne (wie das Sorbet auf Seite 36) hergestellt werden. Nüsse im Allgemeinen sind relativ unkompliziert, wenn es darum geht, sie mit anderen Aromen zu kombinieren. Aber Mandeln sind zweifelsohne die kombinierfreudigste Sorte, die mit quasi allem klarkommt.

Dieses leckere, feine Eis ist eine tolle Begleitung zu fast jeder anderen Eissorte oder aber auch zu Kuchen und Desserts. Während ich Erdnuss-, Pistazien- und Haselnusseis mit Pasten zubereite, verwende ich für dieses Mandeleis dunkel geröstete Mandeln, aus denen ich für die Grundmasse eine Milch oder eine Art Nussaufguss zubereite.

Ergibt etwa 1 Liter/15 Kugeln

Für die geröstete Mandelmilch
250 g abgezogene Mandelkerne
700 ml Vollmilch

Für die Mandelmasse
(ergibt 800 ml)
130 g Zucker
40 g Magermilchpulver
Stabilisator: 1 gestrichener TL Johannisbrotkernmehl oder 2 EL Stärke (Pfeilwurzstärke oder Speisestärke)
640 ml geröstete Mandelmilch (siehe oben)
40 g Glukosesirup oder -pulver oder flüssiger heller Honig

Für das Geröstete-Mandel-Eis
250 g Crème double
5 Tropfen Bittermandelaroma

Für die geröstete Mandelmilch

1. Den Backofen auf 200 °C (180 °C Umluft, Gas: Stufe 6) vorheizen. Die Mandeln auf einem Backblech verteilen und sehr dunkel rösten, sodass sie schon fast verbrannt aussehen.

2. Die Mandeln grob hacken, in einen kleinen Topf geben, die Milch hinzugießen und bei niedriger Hitze auf etwa 80 °C dampfend heiß erhitzen.

3. Den Deckel aufsetzen und die Milch 45 Minuten auf Temperatur halten, damit sie schön durchzieht.

4. Die Milch durch ein feines Sieb in einen Messbecher gießen. Die Siebrückstände entsorgen.

5. Gegebenenfalls mit Wasser auf 640 ml auffüllen.

Für die Mandelmasse

1. Zucker, Milchpulver und Stabilisator in einer kleinen Schüssel sorgfältig mischen.

2. Mandelmilch und Glukose oder Honig in einen Topf füllen und bis knapp unter den Siedepunkt erhitzen.

3. Die Zuckermischung unter ständigem Rühren in die heiße Milch streuen. Weiterrühren, bis die Mischung zu köcheln beginnt, dann vom Herd nehmen.

4. Den Deckel aufsetzen, die Mandelmasse erst auf Raumtemperatur abkühlen lassen und dann nach Belieben im Kühlschrank kalt stellen. (Diese Grundmasse hält sich bis zu 5 Tage, wenn sie nach dem Abkühlen sofort in den Kühlschrank gestellt wird.)

Für das Geröstete-Mandel-Eis

1. Crème double und Bittermandelaroma sorgfältig in die Grundmasse rühren.

2. Die Eismasse in die Eismaschine füllen und gefrieren, bis sie fest ist.

3. Vor dem Servieren das Geröstete-Mandel-Eis etwa 30 Minuten ins Gefrierfach stellen. Wenn es länger im Gefrierfach gelagert wurde und sehr fest ist, im Kühlschrank antauen lassen, bis es sich gut portionieren lässt.

Variation

Wenn Ihnen die geröstete Mandelmilch zu aufwendig ist, können Sie 1 TL Bittermandelaroma und 200 g Crème double in 800 ml Eisbasis (siehe Seite 238) rühren. Diese Mischung ergibt ein helles Eis mit einem kräftigeren, aber weniger komplexen Aroma.

MUSCOVADO-ZUCKER

Muscovado ist ein unraffinierter Vollrohrzucker mit einem relativ hohen Melassegehalt. Dieses Rezept besteht im Wesentlichen aus Fior-di-Latte-Eis (siehe Seite 30), das mit diesem braunen Zucker zubereitet wird. Das Eis ist eine tolle Begleitung für herbstliche Fruchtdesserts und Obstkuchen.

Ergibt etwa 1 Liter/15 Kugeln

Für das Muscovadozucker-Eis
130 g dunkler Muscovadozucker
40 g Magermilchpulver
Stabilisator: 1 gestrichener TL Johannisbrotkernmehl oder 2 EL Stärke (Pfeilwurzstärke oder Speisestärke)
640 ml Vollmilch
40 g Glukosesirup oder -pulver oder flüssiger heller Honig
200 g Crème double
3 EL Melasse

Für das Muscovadozucker-Eis

1. Muscovadozucker, Milchpulver und Stabilisator in einer Schüssel sorgfältig mischen.

2. Milch und Glukose oder Honig in einen Topf füllen und bis knapp unter den Siedepunkt erhitzen.

3. Die Zuckermischung unter ständigem Rühren in die heiße Milch streuen. Weiterrühren, bis die Mischung zu köcheln beginnt, dann vom Herd nehmen.

4. Erst die Crème double, dann die Melasse sorgfältig in die Grundmasse rühren.

5. Den Deckel aufsetzen, die Grundmasse erst auf Raumtemperatur abkühlen lassen und dann nach Belieben im Kühlschrank kalt stellen. (Diese Grundmasse hält sich bis zu 5 Tage, wenn sie nach dem Abkühlen sofort in den Kühlschrank gestellt wird.)

6. Die Eismasse in die Eismaschine füllen und gefrieren, bis sie fest ist.

7. Vor dem Servieren das Muscovadozucker-Eis etwa 30 Minuten ins Gefrierfach stellen. Wenn es länger im Gefrierfach gelagert wurde und sehr fest ist, im Kühlschrank antauen lassen, bis es sich gut portionieren lässt.

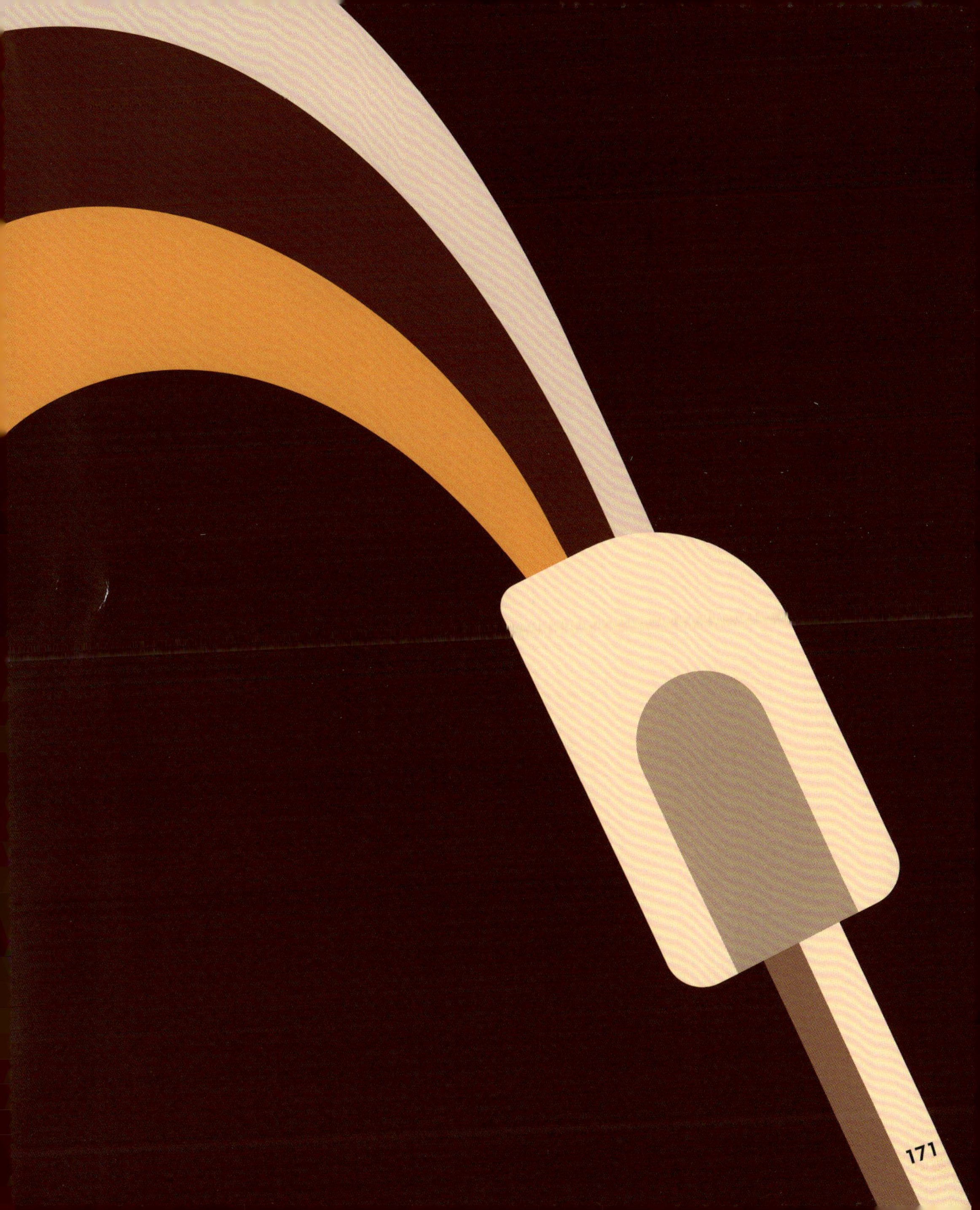

SALZ-KARAMELL

Dass man einer Süßspeise durch die Zugabe einer Prise Salz mehr Kontur und Geschmack verleihen kann, ist nicht wirklich neu. Aber der Trend, Salz in den Mittelpunkt zu rücken, setzte wohl erst in den 1990ern ein, als Pierre Hermé seine Macarons mit Salzkaramell füllte und damit einen Hype auslöste, der bis heute anhält. Pralinen, Süßigkeiten, Getränke und Eiscremes mit Salzkaramell sind besonders beliebt. Um ein tolles Karamelleis herzustellen, muss der Karamell richtig dunkel sein. Es sind nämlich genau diese schon leicht bitteren Noten, die es geschmacklich am besten mit dem Salz aufnehmen können und die Kombination so aufregend machen.

Ergibt etwa 1 Liter/15 Kugeln

Für den Karamell
120 g Zucker
80 g Sahne

Für das Salzkaramelleis
600 ml Vollmilch
40 g Glukosesirup oder -pulver oder flüssiger heller Honig
40 g dunkler Muscovadozucker
40 g Magermilchpulver
Stabilisator: 1 gestrichener TL Johannisbrotkernmehl oder 2 EL Stärke (Pfeilwurzstärke oder Speisestärke)
150 g Crème double
1 TL Salz

Für den Karamell

1. Den Zucker in den Topf streuen, in dem auch die Eisbasis zubereitet werden soll.

2. Bei starker Hitze schmelzen, dabei häufig am Topf rütteln, aber nicht rühren, damit der Zucker gleichmäßiger schmilzt (Achtung, sobald der Zucker flüssig wird, verhält er sich fast wie Magma).

3. Den Karamell weiter erhitzen, bis er sehr dunkel (kastanienbraun), aber noch nicht verbrannt ist.

4. Den Topf vom Herd nehmen und die Sahne in einem dünnen Strahl hinzugießen. Achtung, Spritzgefahr!

Für das Salzkaramelleis

1. Milch und Glukose oder Honig in den Topf zum Karamell geben und bis knapp unter den Siedepunkt erhitzen.

2. Inzwischen Zucker, Milchpulver und Stabilisator in einer kleinen Schüssel sorgfältig mischen.

3. Die Zuckermischung unter ständigem Rühren in die heiße Milchmischung streuen. Weiterrühren, bis sie zu köcheln beginnt, dann vom Herd nehmen.

4. Die Crème double unterrühren und dann das Salz unter Rühren hinzufügen.

5. Den Deckel aufsetzen, die Eisbasis erst auf Raumtemperatur abkühlen lassen und dann nach Belieben im Kühlschrank kalt stellen. (Diese Grundmasse hält sich bis zu 5 Tage, wenn sie nach dem Abkühlen sofort in den Kühlschrank gestellt wird.)

6. Die Eismasse in die Eismaschine füllen und gefrieren, bis sie fest ist.

7. Vor dem Servieren das Salzkaramelleis etwa 30 Minuten ins Gefrierfach stellen. Wenn es länger im Gefrierfach gelagert wurde und sehr fest ist, im Kühlschrank antauen lassen, bis es sich gut portionieren lässt.

MILCH-SCHOKOLADE

Wenn Sie ein leckeres Schokoladeneis zubereiten wollen, dann sollte es eher milchig statt bitterschokoladig werden. Das ist tatsächlich eine kleine Herausforderung, weil Milch und Kakao sich wie Materie und Antimaterie verhalten: die eine Zutat wunderbar rein im Geschmack, die andere fantastisch intensiv. Mit diesem Rezept versuche ich, die goldene Mitte zu treffen, sodass man sowohl die Schokolade als auch die Milch herausschmecken kann.

Ergibt etwa 1 Liter/15 Kugeln

Für die Milchschokoladenbasis
(ergibt 800 ml)
610 ml Vollmilch
50 g Glukosesirup oder -pulver oder flüssiger heller Honig
60 g Kakaopulver
130 g brauner Zucker
40 g Magermilchpulver
Stabilisator: 1 gestrichener TL Johannisbrotkernmehl oder 2 EL Stärke (Pfeilwurzstärke oder Speisestärke)
50 g Bitterschokolade (70 % Kakaoanteil), fein gehackt

Für das Milchschokoladeneis
120 g Crème double

Für die Milchschokoladenbasis

1. Milch und Glukose oder Honig in einen Topf füllen und bis knapp unter den Siedepunkt erhitzen.

2. Inzwischen Kakao, Zucker, Milchpulver und Stabilisator in einer kleinen Schüssel sorgfältig mischen.

3. Die Zuckermischung unter ständigem Rühren in die heiße Milch streuen. Weiterrühren, bis die Mischung zu köcheln beginnt, dann vom Herd nehmen.

4. Die Schokolade hinzufügen und rühren, bis sie vollständig geschmolzen ist.

5. Den Deckel aufsetzen, die Milchschokoladenbasis erst auf Raumtemperatur abkühlen lassen und dann nach Belieben im Kühlschrank kalt stellen. (Diese Grundmasse hält sich bis zu 5 Tage, wenn sie nach dem Abkühlen sofort in den Kühlschrank gestellt wird.)

Für das Milchschokoladeneis

1. Die Crème double sorgfältig in die Milchschokoladenbasis rühren.

2. Die Eismasse in die Eismaschine füllen und gefrieren, bis sie fest ist.

3. Vor dem Servieren das Milchschokoladeneis etwa 30 Minuten ins Gefrierfach stellen. Wenn es länger im Gefrierfach gelagert wurde und sehr fest ist, im Kühlschrank antauen lassen, bis es sich gut portionieren lässt.

MILCH-SCHOKOLADE, KARAMELL & ERDNUSS

Es gibt einige Süßigkeiten, auf die vor allem Kinder abfahren, dazu gehören Schokoriegel mit Karamell und Erdnüssen. Dieses Rezept weckt Erinnerungen an das Vergnügen, in den Schulkiosk einzufallen und ihn zu plündern. Allerdings schmeckt mein Eis Kindern und Erwachsenen gleichermaßen.

Ergibt etwa 1 Liter/15 Kugeln

Für die Milchschokoladenbasis
610 ml Vollmilch
50 g Glukosesirup oder -pulver oder flüssiger heller Honig
60 g Kakaopulver
130 g brauner Zucker
40 g Magermilchpulver
Stabilisator: 1 gestrichener TL Johannisbrotkernmehl oder 2 EL Stärke (Pfeilwurzstärke oder Speisestärke)
50 g Bitterschokolade (70 % Kakaoanteil), fein gehackt

Für den Karamell
75 g Zucker
2 EL Wasser
50 g Sahne
1 großzügige Prise Salz

Für das Milchschokoladen-Erdnuss-Eis mit Karamell
50 g Erdnusskerne, geschält
140 g Erdnussmus
2 EL Vollmilch

Für die Milchschokoladenbasis

1. Milch und Glukose oder Honig in einen Topf füllen und bis knapp unter den Siedepunkt erhitzen.

2. Inzwischen Kakao, Zucker, Milchpulver und Stabilisator in einer kleinen Schüssel sorgfältig mischen.

3. Die Zuckermischung unter ständigem Rühren in die heiße Milch streuen. Weiterrühren, bis die Mischung zu köcheln beginnt, dann vom Herd nehmen.

4. Die Schokolade hinzufügen und rühren, bis sie vollständig geschmolzen ist.

5. Den Deckel aufsetzen, die Milchschokoladenbasis erst auf Raumtemperatur abkühlen lassen und dann nach Belieben im Kühlschrank kalt stellen. (Diese Grundmasse hält sich bis zu 5 Tage, wenn sie nach dem Abkühlen sofort in den Kühlschrank gestellt wird.)

Für den Karamell

1. Den Zucker in einen kleinen Topf geben und bei starker Hitze schmelzen. Dabei häufig am Topf rütteln, aber nicht rühren, damit der Zucker gleichmäßiger schmilzt. Weiter erhitzen, bis ein mittelbrauner Karamell entstanden ist.

2. Den Topf vom Herd nehmen und das Wasser unterrühren. Achtung, Spritzgefahr!

3. Sahne und Salz unterrühren und den Topf wieder auf den Herd stellen.

4. Den Karamell einkochen, bis er einen Löffelrücken überzieht. Den Karamell abkühlen lassen und dann kalt stellen.

Für das Milchschokoladen-Erdnuss-Eis mit Karamell

1. Die Erdnüsse auf einem Backblech verteilen und bei 180 °C (160 °C Umluft, Gas: Stufe 4) 20 Minuten goldbraun rösten.

2. Herausnehmen und auf Raumtemperatur abkühlen lassen, dann grob hacken.

3. Erdnussmus und Milch sorgfältig in die Milchschokoladenbasis rühren. Die Eismasse in die Eismaschine füllen und gefrieren, bis sie fest ist.

4. Kurz vor Ende der Gefrierzeit die gehackten Erdnüsse bei laufendem Motor in die Eismasse geben.

5. Das Eis in einen Gefrierbehälter füllen und den Karamell grob unterziehen, sodass ein marmorierter Effekt entsteht.

6. Vor dem Servieren das Milchschokoladen-Erdnuss-Eis mit Karamell etwa 30 Minuten ins Gefrierfach stellen. Wenn es länger im Gefrierfach gelagert wurde und sehr fest ist, im Kühlschrank antauen lassen, bis es sich gut portionieren lässt.

BROMBEERE

Als Kind bin ich immer gern Brombeeren pflücken gegangen, und manchmal tue ich das auch heute noch im Spätsommer. Dabei wird man immer wieder daran erinnert, wie schmerzhaft Brombeerstacheln sein können und weshalb so viele Brombeeren ungepflückt bleiben. Umgehen Sie weitgehend Verletzungsgefahr und violettschwarz gefärbte Finger und zupfen Sie die leicht zugänglichen Beeren selbst vom Strauch. Die Mühe lohnt sich. Der Überfluss in der Hochsaison zwingt einen geradezu, kreativ zu werden. Denn egal wie viele Brombeeren man sich in den Mund schiebt, es bleiben immer genug übrig für Konfitüre, Kuchen und vielleicht auch für dieses köstliche Sorbet.

Ergibt etwa 1 Liter/15 Kugeln

Für den Sorbetsirup (ergibt 400 ml)
125 g Zucker
Stabilisator: 1 gestrichener TL Johannisbrotkernmehl oder 2 EL Stärke (Pfeilwurzstärke oder Speisestärke)
225 ml Wasser
50 g Glukosesirup oder -pulver oder flüssiger heller Honig

Für das Brombeereis
600 g frische oder tiefgekühlte Brombeeren
Saft von 1/2 Zitrone
30 g Zucker

Für den Sorbetsirup

1. Zucker und Stabilisator in einer kleinen Schüssel sorgfältig mischen.

2. Wasser und Glukose oder Honig in einen Topf füllen und bis knapp unter den Siedepunkt erhitzen.

3. Die Zuckermischung unter ständigem Rühren in das heiße Wasser streuen. Weiterrühren, bis die Mischung zu köcheln beginnt, dann vom Herd nehmen.

4. Den Sirup lauwarm abkühlen lassen (hält sich auch bis zu 1 Woche im Kühlschrank).

Für das Brombeereis

1. Brombeeren, Zitronensaft und Zucker mit dem Sorbetsirup glatt pürieren.

2. Das Püree durch ein feines Sieb in eine Schüssel passieren, um die Kerne zu entfernen. Die Siebrückstände entsorgen.

3. Die Eismasse in die Eismaschine füllen und gefrieren, bis sie fest ist.

4. Vor dem Servieren das Brombeereis etwa 30 Minuten ins Gefrierfach stellen. Wenn es länger im Gefrierfach gelagert wurde und sehr fest ist, im Kühlschrank antauen lassen, bis es sich gut portionieren lässt.

MONTE-BIANCO-SEMIFREDDO

Mein Vater macht ein wunderbares Monte Bianco (Montblanc), ein Dessert aus Maronenpüree und Sahne. Seine Version ist mit Kakao und Rum so dunkel wie das Bergmassiv selbst, und obendrauf kommt eine weiße Schneehaube aus Schlagsahne. Hier greife ich sein Rezept auf und verwandle es – nicht unpassend – in ein kaltes Semifreddo.

Für 12–14 Portionen

Für das Monte-Bianco-Semifreddo
5 Eiweiß
275 g Zucker
80 g Kakaopulver
100 ml Vollmilch
75 g Bitterschokolade (70 % Kakaoanteil), fein gehackt
450 g ungezuckertes Maronenpüree aus der Dose
4 kandierte Maronen, gehackt (nach Belieben)
80 ml brauner Rum
5 Tropfen Vanillearoma
500 g Sahne

Zum Servieren
200 g Sahne, mit 4 TL Zucker steif geschlagen

Für das Monte-Bianco-Semifreddo

1. Eine Schüssel oder Eisbombenform (2 Liter) mit Frischhaltefolie auskleiden. Alternativ eine Kastenform (2 Liter) oder eine Kuchenform (24 cm Ø) verwenden. Die Masse gefriert darin schneller, wirkt aber weniger »bergig«.

2. Für die Baisermasse das Eiweiß mit 200 g Zucker in einem Topf verquirlen und bei niedriger Hitze unter ständigem Rühren sanft auf 70 °C (dampfend heiß) erhitzen, bis die Masse leicht eingedickt ist.

3. In die Küchenmaschine geben und auf hoher Stufe rühren, bis die Baisermasse steif und erkaltet ist. Alternativ ein Handrührgerät verwenden.

4. Den Kakao mit der Milch in einen kleinen Topf geben und bei mittlerer Hitze zum Kochen bringen.

5. Vom Herd nehmen, die Schokolade hinzufügen und rühren, bis sie vollständig geschmolzen ist.

6. Maronenpüree, Maronenstücke, falls verwendet, Rum und Vanillearoma einarbeiten.

7. Die Sahne mit den restlichen 75 g Zucker steif schlagen.

8. Sahne und Baisermasse unter die Maronenmasse heben.

9. Die Eismasse in die vorbereitete Form füllen und im Gefrierfach gefrieren lassen. Bei einer Schüssel oder Eisbombenform dauert das mindestens 8 Stunden.

10. Das Semifreddo vor dem Servieren im Kühlschrank antauen lassen, bis es halb gefroren, eben *semi-freddo* ist. Auf eine Tortenplatte stürzen und die Folie abziehen. Mit gesüßter Schlagsahne überziehen.

BACIO-SEMIFREDDO

Manche Dinge sind so süß und wunderbar wie ein Kuss – dazu gehört auch die Vereinigung von Schokolade und Haselnuss. Dass die Kombination heute so allgegenwärtig ist, kann zumindest teilweise dem Ferrero-Imperium zugeschrieben werden, aber auch dem Schokoladenmangel während und nach dem Zweiten Weltkrieg. Der knappe Kakao musste gestreckt werden, und man tat es mit einer Zutat, die im Piemont reichlich vorhanden ist: mit der Haselnuss. Es war Liebe auf den ersten Blick. »Baci baci«, wie die Italiener sagen.

Frieren Sie dieses Semifreddo in einer runden Kuchenform (22–24 cm Ø) ein. Wenn Sie es lieber in Kugeln genießen wollen, lassen Sie den Boden und das Topping weg und geben die Eismasse in einem geeigneten Kunststoffbehälter ins Gefrierfach.

Für 12–14 Portionen

Für den Boden (nach Belieben)
40 g Bitterschokolade (70 % Kakaoanteil)
60 g Butter
150 g Haselnusskerne, geröstet und fein gemahlen
100 g selbst gemachte oder gekaufte Eishörnchen (oder andere knusprige Waffeln oder Hippen), zerkrümelt

Für das Bacio-Semifreddo
250 g Zucker
80 g Kakaopulver
300 ml Vollmilch
5 Eigelb
100 g Bitterschokolade (70 % Kakaoanteil), fein gehackt
140 g Haselnussmus
3 Eiweiß
200 g Crème double
100 g Haselnusskerne, geröstet und grob gemahlen

Zum Garnieren (nach Belieben)
100 g Bitterschokolade (70 % Kakaoanteil), gehackt
50 g Kakaobutter oder Kokosöl
12–14 Haselnusskerne, geröstet

Für den Boden (nach Belieben)

1. Eine Kuchenform (22–24 cm Ø) mit Backpapier oder Frischhaltefolie auskleiden.

2. Schokolade und Butter in einer hitzebeständigen Schüssel über einem Wasserbad oder in der Mikrowelle bei niedriger Wattzahl schmelzen.

3. Gemahlene Haselnüsse und zerkrümelte Eiswaffeln unterziehen. Die Masse gleichmäßig auf dem Boden der vorbereiteten Form verteilen.

Für das Bacio-Semifreddo

1. Die Hälfte des Zuckers und Kakao in einer hitzebeständigen Schüssel sorgfältig mischen.

2. Die Milch in einem kleinen Topf bei mittlerer Hitze zum Kochen bringen. Dann in einem dünnen Strahl in die Kakaomischung rühren.

3. Zurück in den Topf füllen und zum Kochen bringen.

4. Das Eigelb in einer Schüssel verquirlen und die Schokoladenmilch unter ständigem Rühren in einem dünnen Strahl dazugießen.

5. Die Masse wieder in den Topf füllen und bei niedriger Hitze unter Rühren eindicken lassen. Nicht kochen, sonst gerinnt die Masse.

6. Vom Herd nehmen, Schokolade und Haselnussmus einrühren, bis die Schokolade geschmolzen ist. Abgedeckt auf Raumtemperatur abkühlen lassen.

7. Für die Baisermasse das Eiweiß mit dem restlichen Zucker in einem kleinen Topf verquirlen. Bei niedriger Hitze unter ständigem Rühren sanft auf 70 °C (dampfend heiß) erhitzen, bis die Masse leicht eingedickt ist.

8. In die Küchenmaschine geben und auf hoher Stufe rühren, bis die Baisermasse steif und erkaltet ist. Alternativ ein Handrührgerät verwenden.

9. Die Crème double steif schlagen. Zusammen mit der Baisermasse unter die Schokoladenmasse heben. Die grob gemahlenen Haselnüsse unterziehen.

10. Die Semifreddo-Masse in die vorbereitete Form füllen. Abdecken und, vorzugsweise über Nacht, gefrieren.

Zum Garnieren (nach Belieben)

1. Schokolade und Kakaobutter oder Kokosöl in einer hitzebeständigen Schüssel über einem Wasserbad oder in der Mikrowelle bei niedriger Wattzahl schmelzen.

2. Das Semifreddo aus der Form stürzen und die Frischhaltefolie abziehen. Dann dünn und gleichmäßig mit der Schokolade überziehen.

3. Die Haselnusskerne in den flüssigen Schokoladeresten rollen und dekorativ auf das Semifreddo setzen. Falls nötig, das Semifreddo vor dem Servieren im Kühlschrank antauen lassen, bis es halb gefroren, eben *semi-freddo* ist.

GIANDUJA

Hilde Halpern war eine Freundin (sowie Beraterin, Seelsorgerin, Guru und Inspiration) meiner Familie, die wir sehr gern besuchten, nicht nur weil sie herzensgut und blitzgescheit war, sondern auch weil ihre Schränke voller faszinierender Sachen und der Tisch immer voller Kroketten, Lachsschnittchen, Waldorf-Salat mit Hähnchen (und Ananas) und Pralinen waren. Darunter befand sich auch in Glanzpapier eingewickeltes Gianduja, und immer wenn ich mich auf den Nachhauseweg machte, war dieses Schoko-Nugat-Konfekt (ähnlich Baci, nur ohne Haselnussstückchen) wie von Zauberhand verschwunden.

Ich war noch ein Kind, als Hilde starb, und zu jung, um sie in ihren letzten Tagen zu begleiten. Dass ich mich nicht verabschieden konnte, bedauere ich zutiefst. Aber ich denke immer an sie, wenn ich ihre Gerichte zubereite und esse. Dieses Gianduja-Eis ist für dich, Hilde!

Ergibt etwa 1 Liter/15 Kugeln

Für die Milchschokoladenbasis
(ergibt 800 ml)
610 ml Vollmilch
50 g Glukosesirup oder -pulver oder flüssiger heller Honig
60 g Kakaopulver
130 g brauner Zucker
40 g Magermilchpulver
Stabilisator: 1 gestrichener TL Johannisbrotkernmehl oder 2 EL Stärke (Pfeilwurzstärke oder Speisestärke)
50 g Bitterschokolade (70 % Kakaoanteil), fein gehackt

Für das Gianduja-Eis
130 g Haselnussmus
1 EL Zucker

Für die Milchschokoladenbasis

1. Milch und Glukose oder Honig in einen Topf füllen und bis knapp unter den Siedepunkt erhitzen.

2. Inzwischen Kakao, Zucker, Milchpulver und Stabilisator in einer kleinen Schüssel sorgfältig mischen.

3. Die Zuckermischung unter ständigem Rühren in die heiße Milch streuen. Weiterrühren, bis die Mischung zu köcheln beginnt, dann vom Herd nehmen.

4. Die Schokolade hinzufügen und rühren, bis sie vollständig geschmolzen ist.

5. Den Deckel aufsetzen, die Milchschokoladenbasis erst auf Raumtemperatur abkühlen lassen und dann nach Belieben im Kühlschrank kalt stellen. (Diese Grundmasse hält sich bis zu 5 Tage, wenn sie nach dem Abkühlen sofort in den Kühlschrank gestellt wird.)

Für das Gianduja-Eis

1. Haselnussmus und Zucker sorgfältig in die Milchschokoladenbasis rühren.

2. Die Eismasse in die Eismaschine füllen und gefrieren, bis sie fest ist.

3. Vor dem Servieren das Gianduja-Eis etwa 30 Minuten ins Gefrierfach stellen. Wenn es länger im Gefrierfach gelagert wurde und sehr fest ist, im Kühlschrank antauen lassen, bis es sich gut portionieren lässt.

Variation

Für ein Bacio-Eis 75 g geröstete und mittelfein bis fein gemahlene Haselnusskerne unter das fertiggestellte Eis ziehen.

ERDNUSS & KONFITÜRE

Erdnussmus (Erdnussbutter) und Konfitüre – eine überaus beliebte Kombination von Brotaufstrichen, zumindest im englischsprachigen Raum, die viele Erwachsene zurück in ihre Kindheit führt. So auch dieses Eis, das Erdnussmus und rote Konfitüre vereint und superlecker schmeckt. Es ist komplett kindisch, aber gleichzeitig richtig raffiniert.

Ergibt etwa 1 Liter/15 Kugeln

Für die Eisbasis (ergibt 800 ml)

130 g Zucker
40 g Magermilchpulver
Stabilisator: 1 gestrichener TL Johannisbrotkernmehl oder 2 EL Stärke (Pfeilwurzstärke oder Speisestärke)
640 ml Vollmilch
40 g Glukosesirup oder -pulver oder flüssiger heller Honig

Für das Erdnuss-Konfitüre-Eis

150 g Erdnussmus (ich mag lieber feines, glattes, sowohl auf Brot als auch im Eis)
100 g Konfitüre (Himbeer-, Blaubeer- oder Brombeerkonfitüre sind meine persönlichen Favoriten), glatt gerührt

Für die Eisbasis

1. Zucker, Milchpulver und Stabilisator in einer kleinen Schüssel sorgfältig mischen.

2. Milch und Glukose oder Honig in einen Topf füllen und bis knapp unter den Siedepunkt erhitzen.

3. Die Zuckermischung unter ständigem Rühren in die heiße Milch streuen. Weiterrühren, bis die Mischung zu köcheln beginnt, dann vom Herd nehmen.

4. Den Deckel aufsetzen, die Eisbasis erst auf Raumtemperatur abkühlen lassen und dann nach Belieben im Kühlschrank kalt stellen. (Diese Grundmasse hält sich bis zu 5 Tage, wenn sie nach dem Abkühlen sofort in den Kühlschrank gestellt wird.)

Für das Erdnuss-Konfitüre-Eis

1. Die Erdnussmus sorgfältig in die Eisbasis rühren.

2. Die Eismasse in die Eismaschine füllen und gefrieren, bis sie fest ist.

3. Die Eiscreme in einen Gefrierbehälter füllen und die Konfitüre grob unterziehen, sodass ein marmorierter Effekt entsteht.

4. Vor dem Servieren das Erdnuss-Konfitüre-Eis etwa 30 Minuten ins Gefrierfach stellen. Wenn es länger im Gefrierfach gelagert wurde und sehr fest ist, im Kühlschrank antauen lassen, bis es sich gut portionieren lässt.

Variation

Für ein einfaches Erdnusseis lassen Sie die Konfitüre einfach weg.

ERDNUSS-KONFITÜRE-SEMIFREDDO

Erdnussmus (Erdnussbutter) macht sich in einem Semifreddo genauso gut wie in einer Eiscreme, und dieses Nussmus gibt es wirklich in jedem Supermarkt. Die besten Ergebnisse erhalten Sie, wenn Sie statt zu »gesundem« Erdnussmus zu einer klassischen, konventionell hergestellten Marke greifen.

Für 12–14 Portionen

Für das Erdnuss-Konfitüre-Semifreddo

265 g Zucker
400 ml Vollmilch
7 Eigelb
200 g Erdnussmus
4 Eiweiß
330 g Sahne
140 g Konfitüre (Himbeer-, Blaubeer- oder Brombeerkonfitüre sind meine persönlichen Favoriten), glatt gerührt

Für das Erdnuss-Konfitüre-Semifreddo

1. Wenn das Semifreddo gestürzt und in Scheiben geschnitten werden soll, eine Kastenform (2 Liter) oder eine Kuchenform (22–24 cm Ø) mit Backpapier oder Frischhaltefolie auskleiden.

2. Die Hälfte des Zuckers in einem Topf bei mittlerer bis starker Hitze schmelzen und erhitzen, bis ein mittelbrauner Karamell entstanden ist. Dabei gelegentlich am Topf rütteln.

3. Vom Herd nehmen und die Milch in einem dünnen Strahl dazugießen. Achtung, Spritzgefahr!

4. Die Mischung wieder auf den Herd setzen und bei niedriger bis mittlerer Hitze rühren, bis die Milch köchelt und der Karamell sich aufgelöst hat.

5. Das Eigelb in einer großen Schüssel verquirlen und die Karamellmilch unter ständigem Rühren in einem Strahl dazugießen.

6. Die Masse wieder in den Topf füllen und bei niedriger Hitze unter Rühren eindicken lassen. Nicht kochen, sonst gerinnt die Masse.

7. Vom Herd nehmen und abgedeckt auf Raumtemperatur abkühlen lassen.

8. Das Erdnussmus sorgfältig in die Karamellmasse rühren.

9. Für die Baisermasse das Eiweiß mit dem restlichen Zucker in einem Topf verquirlen.

10. Bei niedriger Hitze unter ständigem Rühren sanft auf 70 °C (dampfend heiß) erhitzen, bis die Masse leicht eingedickt ist.

11. In die Küchenmaschine geben und auf hoher Stufe rühren, bis die Baisermasse steif und erkaltet ist. Alternativ ein Handrührgerät verwenden.

12. Die Sahne steif schlagen. Zusammen mit dem Baiser sorgfältig unter die Erdnussmasse heben.

13. In die vorbereitete Form füllen und die Konfitüre grob unterziehen, sodass ein marmorierter Effekt entsteht.

14. Das Erdnuss-Konfitüre-Semifreddo abdecken und gefrieren, bis es fest ist, was etwa 4 Stunden dauert.

15. Falls das Semifreddo ganz fest geworden ist, vor dem Servieren im Kühlschrank antauen lassen, bis es halb gefroren, eben *semifreddo* ist.

BONET

Bonet ist eine Piemonteser Spezialität und kurioserweise außerhalb der norditalienischen Region nur wenig bekannt. Dieses Flammeri wird auf gleiche Weise hergestellt wie Crème Caramel, ist aber deren Antithese, denn Bonet ist durch Kakao und Espresso fast schwarz und wird mit Amaretti und Rum verfeinert – quasi die dunkle Seite des Flammeri. Bonet-Gelato wiederum gibt es, nach meinem Wissen, selbst im Piemont nicht. Aber bei Gelupo haben wir es zu einer Spezialität gemacht, die immer im Angebot ist.

Ergibt etwa 1,4 Liter/20 Kugeln

Für die Bitterschokoladenbasis
(ergibt 1 Liter)
50 g Kakaopulver
200 g Zucker
500 ml Wasser
50 g Glukosesirup oder -pulver oder flüssiger heller Honig
250 g Bitterschokolade (70 % Kakaoanteil), fein gehackt

Für das Bonet-Eis
250 g Crème double
2 EL sehr starker Espresso (Ristretto)
10 Tropfen Vanillearoma
75 g Zucker
2 Eigelb
25 ml brauner Rum
10 Amaretti, grob zerkrümelt

Für die Bitterschokoladenbasis

1. Kakao und Zucker in einem kleinen Topf gut mischen. Das Wasser in einem dünnen Strahl unter Rühren hinzugießen, sodass möglichst wenige Klümpchen entstehen.

2. Glukose oder Honig unterrühren, auf den Herd setzen und die Mischung bei mittlerer Hitze zum Kochen bringen. Sobald sie aufwallt, vom Herd nehmen.

3. Die Schokolade hinzufügen und rühren, bis sie vollständig geschmolzen ist.

4. Den Deckel aufsetzen, die Schokoladenbasis erst auf Raumtemperatur abkühlen lassen und dann nach Belieben im Kühlschrank kalt stellen. (Diese Grundmasse hält sich bis zu 5 Tage, wenn sie nach dem Abkühlen sofort in den Kühlschrank gestellt wird.)

Für das Bonet-Eis

1. Crème double, Espresso und Vanillearoma in einer Schüssel glatt verrühren.

2. Den Zucker in einen kleinen Topf geben und bei mittlerer Hitze schmelzen und erhitzen, bis ein mittelbrauner Karamell entstanden ist. Dabei häufig am Topf rütteln.

3. Vom Herd nehmen und nach und nach die Espressocreme hinzufügen. Achtung, Spritzgefahr! Die Masse wieder in den Topf füllen und zum Köcheln bringen.

4. Das Eigelb in einer großen Schüssel verquirlen und die heiße Espressomasse unter ständigem Rühren in einem dünnen Strahl dazugießen. Zunächst langsam rühren, damit die Masse nicht gerinnt.

5. Auf Raumtemperatur abkühlen lassen, dann Rum und Schokoladenbasis unterrühren. Die Eismasse in die vorbereitete Form füllen und gefrieren, bis sie fest ist.

6. Das Eis in einen Gefrierbehälter füllen und die Amarettistücke grob unterziehen.

7. Vor dem Servieren das Bonet-Eis etwa 30 Minuten ins Gefrierfach stellen. Wenn es länger im Gefrierfach gelagert wurde und sehr fest ist, im Kühlschrank antauen lassen, bis es sich gut portionieren lässt.

BITTER-SCHOKOLADE

Wenn Sie eine Schokolade essen und dann Ihren Gaumen neutralisieren wollen, trinken Sie einen Schluck Milch. Das Milchfett löst die Schokolade, genauso wie sie das Brennen nach einem (zu) scharfen Essen lindert. Milch ist der Gegenspieler von Schokolade. Wenn Sie kein großer Schokoladenfan sind – und ich meine hier magisch-sündige feinherbe Bitterschokolade –, blättern Sie zurück zu Seite 174, wo Sie ein Rezept für ein Milchschokoladeneis finden. Aber wenn Sie es etwas herber mögen, bereiten Sie dieses Eis zu.

Ergibt etwa 1 Liter/15 Kugeln

Für die Bitterschokoladenbasis
(ergibt 1 Liter)
50 g Kakaopulver
200 g Zucker
500 ml Wasser
50 g Glukosesirup oder -pulver oder flüssiger heller Honig
250 g Bitterschokolade (70 % Kakaoanteil), gehackt

Für die Bitterschokoladenbasis

1. Kakao und Zucker in einem kleinen Topf sorgfältig mischen.

2. Das Wasser in einem dünnen Strahl unter Rühren hinzugießen, sodass möglichst wenige Klümpchen entstehen.

3. Glukose oder Honig unterrühren, auf den Herd setzen und die Mischung bei mittlerer Hitze zum Kochen bringen. Sobald sie aufwallt, vom Herd nehmen.

4. Die Schokolade hinzufügen und rühren, bis sie vollständig geschmolzen ist.

5. Den Deckel aufsetzen, die Schokoladenbasis erst auf Raumtemperatur abkühlen lassen und dann nach Belieben im Kühlschrank kalt stellen. (Diese Grundmasse hält sich bis zu 5 Tage, wenn sie nach dem Abkühlen sofort in den Kühlschrank gestellt wird.)

Für das Bitterschokoladeneis

1. Die Eismasse mixen (das sorgt für eine bessere Textur), dann in die Eismaschine füllen und gefrieren, bis sie fest ist.

2. Vor dem Servieren das Bitterschokoladeneis etwa 30 Minuten ins Gefrierfach stellen. Wenn es länger im Gefrierfach gelagert wurde und sehr fest ist, im Kühlschrank antauen lassen, bis es sich gut portionieren lässt.

SCHOKOLADE, TEE & PLÄTZCHEN

Diese Nummer hier ist wie ein in eine Tasse Tee getauchtes Schokoplätzchen, nur eben gefroren. Die Zutaten werden etwas anders als gewohnt verarbeitet, aber das Resultat ist sehr vertraut.

Ergibt etwa 1 Liter/15 Kugeln

Für die Bitterschokoladenbasis (ergibt 1 Liter)

50 g Kakaopulver
200 g Zucker
500 ml Wasser
50 g Glukosesirup oder -pulver oder flüssiger heller Honig
250 g Bitterschokolade (70 % Kakaoanteil), gehackt

Für das Schokoladen-Tee-Plätzchen-Eis

100 g Crème double
2 EL Vollmilch
4 gehäufte EL loser Earl-Grey-Tee (oder 4 Teebeutel)
2 EL Zucker
6 Butterplätzchen, grob zerkrümelt

Für die Bitterschokoladenbasis

1. Kakao und Zucker in einem kleinen Topf sorgfältig mischen.

2. Das Wasser in einem dünnen Strahl unter Rühren hinzugießen, sodass möglichst wenige Klümpchen entstehen.

3. Glukose oder Honig unterrühren, auf den Herd setzen und die Mischung bei mittlerer Hitze zum Kochen bringen. Sobald sie aufwallt, vom Herd nehmen.

4. Die Schokolade hinzufügen und rühren, bis sie vollständig geschmolzen ist.

5. Den Deckel aufsetzen, die Schokoladenbasis erst auf Raumtemperatur abkühlen lassen und dann nach Belieben im Kühlschrank kalt stellen. (Diese Grundmasse hält sich bis zu 5 Tage, wenn sie nach dem Abkühlen sofort in den Kühlschrank gestellt wird.)

Für das Schokoladen-Tee-Plätzchen-Eis

1. Crème double und Milch in einem Topf verrühren und bei mittlerer Hitze zum Köcheln bringen.

2. Tee und Zucker untermischen und gut 10 Minuten ziehen lassen. Eventuell den Topf auf dem Herd lassen, damit die Mischung dampfend heiß bleibt.

3. Durch ein feines Sieb in eine Schüssel gießen (oder die Teebeutel entfernen) und die Schokoladenbasis unterrühren.

4. Die Eismasse in die Eismaschine geben und gefrieren, bis sie fest ist.

5. Das Eis in einen Gefrierbehälter füllen und die zerkrümelten Plätzchen unterziehen.

6. Vor dem Servieren das Schokoladen-Tee-Plätzchen-Eis etwa 30 Minuten ins Gefrierfach stellen. Wenn es länger im Gefrierfach gelagert wurde und sehr fest ist, im Kühlschrank antauen lassen, bis es sich gut portionieren lässt.

SCHOKOLADE & GRAPPA

Nach einem guten Essen sind ein Stückchen dunkle Schokolade oder ein Gläschen Grappa immer was Feines und sooo erwachsen. Auch wenn sie unterschiedlicher kaum sein könnten, schmecken sie in der Kombination richtig lecker. Schokolade hat ja etwas sehr Sinnliches und ist in Verbindung mit Alkohol, der die Hemmungen bekanntlich senkt, fast gefährlich. Genießen Sie dieses Eis also nur mit jemandem, den oder die Sie wirklich gern haben.

Ergibt etwa 1 Liter/15 Kugeln

Für die Bitterschokoladenbasis (ergibt 1 Liter)
50 g Kakaopulver
200 g Zucker
500 ml Wasser
50 g Glukosesirup oder -pulver oder flüssiger heller Honig
250 g Bitterschokolade (70 % Kakaoanteil), gehackt

Für das Schokoladen-Grappa-Eis
80–100 ml brauner Grappa

Für die Bitterschokoladenbasis

1. Kakao und Zucker in einem kleinen Topf sorgfältig mischen.

2. Das Wasser in einem dünnen Strahl unter Rühren hinzugießen, sodass möglichst wenige Klümpchen entstehen (falls doch, werden sie beim Kochen aufgelöst).

3. Glukose oder Honig unterrühren, auf den Herd setzen und die Mischung bei mittlerer Hitze zum Kochen bringen. Sobald sie aufwallt, vom Herd nehmen.

4. Die Schokolade hinzufügen und rühren, bis sie vollständig geschmolzen ist.

5. Den Deckel aufsetzen, die Schokoladenbasis erst auf Raumtemperatur abkühlen lassen und dann nach Belieben im Kühlschrank kalt stellen. (Diese Grundmasse hält sich bis zu 5 Tage, wenn sie nach dem Abkühlen sofort in den Kühlschrank gestellt wird.)

Für das Schokoladen-Grappa-Eis

1. Den Grappa in die Schokoladenbasis rühren.

2. Die Eismasse in die Eismaschine füllen und gefrieren lassen, bis sie fest ist.

3. Vor dem Servieren das Schokoladen-Grappa-Eis etwa 30 Minuten ins Gefrierfach stellen. Wenn es länger im Gefrierfach gelagert wurde und sehr fest ist, im Kühlschrank antauen lassen, bis es sich gut portionieren lässt.

Varianten

Dieses Eis schmeckt auch gut mit Whisky, braunem Rum, Calvados, Kirschlikör oder Amaretto anstelle von Grappa.

KAFFEE-GRANITA

Eis zum Frühstück? Ja gern, auch wenn es ein wenig maßlos scheint! Eine Kaffee-Granita hat wenigstens den Anstrich der Bescheidenheit, ist sie doch – vorausgesetzt sie wird nicht mit Schlagsahne serviert – wesentlich leichter als eine Eiscreme. Kaffee-Granita mit Schlagsahne wird in ganz Italien angeboten, auf Sizilien sogar im Brioche!

Ergibt etwa 1 Liter/Für 6–10 Portionen

Für die Kaffee-Granita
500 ml Espresso (oder starker Kaffee)
300 ml Wasser
200 g Zucker

Zum Servieren (nach Belieben)
leicht warme Brioche-Brötchen
300 g Sahne, mit 2 EL Zucker steif geschlagen

Für die Kaffee-Granita

1. Espresso und Wasser in einer Schüssel mischen. Den Zucker unterrühren, bis er sich vollständig aufgelöst hat.

2. Die Mischung in eine breite Form füllen und ins Gefrierfach stellen. Sobald sie am Rand zu gefrieren beginnt, alle 10–15 Minuten mit einer Gabel oder einem Schneebesen verrühren, bis sie fast vollständig durchgefroren ist – das dauert etwa 4 Stunden. Die fertige Granita sollte noch etwas feucht und slushig sein.

3. Wenn die Granita nicht sofort serviert wird, im Gefrierfach lagern. 20 Minuten vor dem Servieren herausnehmen und mit einer Gabel durchrühren. In vorher gut gekühlten Serviergläsern oder mit etwas Sahne in Brioche-Brötchen servieren.

ESPRESSO

Bei meinem »Amazing Milk-free Espresso Gelato« handelt es sich um ein Espresso-Eis, das ohne Milch auskommt und stattdessen seine Fülle durch Eigelb erhält, das nicht die bitteren nussigen Noten des Espressos überdeckt. Weil das Eis recht üppig ist, reicht eine Kugel – als Dessert oder nach dem Essen anstelle von Kaffee. Es enthält keinen Stabilisator und schmeckt am besten am Tag der Zubereitung (natürlich kann man es auch genießen, wenn es länger gefroren wurde).

Ergibt etwa 1 Liter/15 Kugeln

Für das Espresso-Eis
400 ml starker Espresso
200 ml Wasser
200 g Zucker
2 EL Glukosesirup oder flüssiger heller Honig
200 g Eigelb (von etwa 12 Eiern)

Für das Espresso-Eis

1. Espresso, Wasser, Zucker und Glukosesirup oder Honig in einem Topf verrühren und bei mittlerer Hitze bis knapp unter den Siedepunkt erhitzen.

2. Das Eigelb in einer Schüssel verquirlen und die Espresso-Mischung in einem dünnen Strahl unter Rühren dazugießen. Wenn das Eigelb pasteurisiert werden soll, muss die Mischung mindestens 72 °C heiß sein. Bei Bedarf also wieder in den Topf geben und unter Rühren bis 72 °C erhitzen.

3. Die Espressocreme abdecken und zimmerwarm abkühlen und eindicken lassen.

4. Die Eismasse in die Eismaschine füllen und gefrieren, bis sie fest ist.

5. Vor dem Servieren das Espresso-Eis etwa 30 Minuten ins Gefrierfach stellen. Wenn es länger im Gefrierfach bleibt und sehr fest ist, im Kühlschrank antauen lassen, bis es sich gut portionieren lässt.

EIS-WAFFELN & CO.

EISHÖRNCHEN

Eishörnchen selbst zu machen ist zugegebenermaßen etwas knifflig, aber genau das ist der Punkt. Der Spaß liegt darin, etwas selbst und von Hand herzustellen. Außerdem ist die Herstellung von Eishörnchen eine gute Geschicklichkeitsübung. Sie schmecken besser als gekaufte Eishörnchen, und man kann sie nach Belieben aromatisieren. Wenn Ihnen das zu viel Aufwand ist, kaufen Sie einfach welche – das Leben ist schließlich zu kurz, um mehr Zeit als nötig für etwas aufzuwenden, das keinen Spaß macht.

Die Hörnchen lassen sich in einem Eiswaffeleisen, einer beschichteten Pfanne oder im Ofen zubereiten. Zum Aufrollen der Waffeln benötigen Sie außerdem eine Kegelform (im Fachhandel oder im Internet erhältlich). Sie können aber auch selbst Kegel aus festem Papier basteln und dann mit mehreren Lagen Alufolie ummanteln.

Ergibt 8 Stück

2 Eiweiß (Größe L), zimmerwarm
65 g Zucker
50 ml Vollmilch
2–3 Tropfen Vanille- oder Bittermandelaroma
1/4 TL Salz
50 g Butter, zerlassen
100 g Weizenmehl (Type 405)

1. Eiweiß, Zucker, Milch, Vanille- oder Bittermandelaroma und Salz in einer Schüssel verrühren.

2. Die Butter einrühren. Das Mehl sieben und unterrühren, bis ein glatter dickflüssiger Teig entstanden ist (gegebenenfalls noch etwas Mehl oder Milch einarbeiten).

3. Den Teig bei Raumtemperatur mindestens 30 Minuten quellen lassen.

Zubereitung im Waffeleisen

1. Das Eiswaffeleisen vorheizen und mit etwas Pflanzenöl oder Backtrennspray einfetten.

2. Etwa 1 gehäuften EL Teig in die Mitte des heißen Waffeleisens geben, schließen und bis zur gewünschten Bräunung backen.

3. Solange die Waffel noch warm und biegsam ist, vorsichtig um die Kegelform legen.

4. Die Waffel mit der Naht nach unten auf der Kegelform erkalten und erstarren lassen (dauert weniger als 1 Minute). Mit dem restlichen Teig ebenso verfahren.

Zubereitung in der Pfanne

1. Eine mittelgroße beschichtete Pfanne bei mittlerer Hitze heiß werden lassen.

2. Etwa 1 gehäuften EL Teig in die Pfannenmitte geben und mit dem Rücken eines Metalllöffels zu einem 15 cm großen Kreis verstreichen.

3. Den Teig 3–4 Minuten backen, bis er leicht gebräunt ist.

4. Wenden und von der anderen Seite etwa 1 Minute backen, bis sie leicht gebräunt ist.

5. Die Waffel aus der Pfanne nehmen und, solange sie noch warm und biegsam ist, vorsichtig um die Kegelform legen.

6. Die Waffel mit der Naht nach unten auf der Kegelform erkalten und erstarren lassen (dauert weniger als 1 Minute). Mit dem restlichen Teig ebenso verfahren.

Zubereitung im Backofen

1. Den Backofen auf 220 °C (200 °C Umluft, Gas: Stufe 7) vorheizen.

2. Eine Silikonbackmatte auf ein Backblech legen (je nach Größe des Blechs können zwei Waffeln gleichzeitig gebacken werden.)

3. Etwa 1 gehäuften EL Teig auf die Backmatte geben und mit dem Rücken eines Metalllöffels zu einem 15 cm großen Kreis verstreichen.

4. Den Teig 8 Minuten im vorgeheizten Ofen backen, bis er leicht gebräunt ist.

5. Das Backblech aus dem Ofen nehmen und die Waffel mit einem flexiblen Pfannenwender vorsichtig von der Backmatte lösen.

6. Solange die Waffel noch warm und biegsam ist, vorsichtig um die Kegelform legen. Wenn Sie zwei Waffeln gleichzeitig backen können, muss die zweite Waffel 1 Minute wieder im Ofen aufgewärmt werden, bevor sie gebogen werden kann.

7. Die Waffel mit der Naht nach unten auf der Kegelform erkalten und erstarren lassen (dauert weniger als 1 Minute). Mit dem restlichen Teig ebenso verfahren.

Varianten

- Für ein komplexeres Aroma ersetzen Sie den weißen Zucker durch feinen braunen Zucker oder eine Mischung aus weißem und braunem Zucker oder durch Honig.
- Mischen Sie 2 gehäufte EL weiße oder schwarze Sesamsaat in den Teig.
- Rühren Sie 1 TL gemahlenen Zimt oder Fenchelsamen in den Teig.
- Geben Sie die fein abgeriebene Schale von 1 Bio-Orange oder -Zitrone in den Teig.

CANNOLI

Diese fettgebackenen Teigröhren aus Sizilien werden normalerweise mit einer Mischung aus gesüßtem Schafsmilchricotta (etwa 1 Teil Zucker auf 4 Teile Ricotta), Schokolade, kandierten Früchten und gern auch einigen Pistazien gefüllt. Aber sie schmecken auch superlecker mit einer Eiscreme-Füllung als Dessert.

Zur Herstellung benötigen Sie Cannoli-Formen, die im Fachhandel oder im Internet erhältlich sind, oder lassen Sie sich im Baumarkt ein Kupferrohr mit 28 mm Durchmesser in 12 cm lange Stücke schneiden.

Auf Seite 206 finden Sie eine Anleitung, wie Sie die Cannoli-Röhren mit Schokolade überziehen können. Die Schokoladenschicht sorgt dafür, dass der Teig schön knusprig bleibt und nicht aufweicht, wenn die Cannoli im Voraus gefüllt werden. So halten sich Eis-Cannoli in einem dicht schließenden Behälter bis zu 1 Woche im Gefrierfach.

Ergibt 30 Stück

Für den Teig

200 g Weizenmehl (Type 405), plus etwas zum Bestäuben
40 g weiche Butter
30 g Zucker
70 ml Marsala oder lieblicher Sherry
Pflanzenöl, zum Einfetten und Ausbacken
1 Ei, verquirlt

Zum Servieren

Eiscreme
Streusel, z. B. gemahlene Pistazien, fein gehackte Haselnusskerne, Kokosraspel, geriebene Schokolade oder fein gehackte kandierte Früchte (nach Belieben)
Puderzucker

Für die Cannoli

1. Mehl, Butter, Zucker und Marsala oder Sherry in eine Schüssel geben und zu einem glatten, weichen Teig verarbeiten. Abgedeckt mindestens 30 Minuten ruhen lassen.

2. Den Teig leicht mit Mehl bestäuben und auf einer Arbeitsfläche 1,5–2 mm dick ausrollen. (Dafür können Sie auch eine Pastamaschine verwenden.)

3. 10 cm große Kreise ausstechen. Die Teigreste zusammenkneten und neu ausrollen. Auf diese Weise 30 Kreise herstellen. Die Teigkreise mit Frischhaltefolie abdecken und mindestens 30 Minuten ruhen lassen.

4. Eine hohe Pfanne mindestens 4 cm hoch mit Pflanzenöl füllen und auf 170 °C erhitzen. (Falls Sie kein Thermometer haben, zur Probe einen kleinen Teigrest ins Öl geben. Wenn sich nach einigen Sekunden Bläschen bilden, ist die Temperatur richtig. Wenn das Öl sofort zischt, ist es zu heiß, wenn es länger als ein paar Sekunden dauert, ist es noch zu kalt.)

5. Die Cannoli-Formen außen sorgfältig einfetten. Je eine Teigscheibe um die Formen legen. Die überlappenden Enden mit etwas verquirltem Ei bestreichen und festkleben.

6. Einige Cannoli (mit den Formen) ins heiße Fett geben und in etwa 5 Minuten goldbraun ausbacken, dabei am besten mit einem langstieligen Löffel im heißen Fett bewegen, damit sie nicht am Pfannenboden festkleben.

7. Weitere Cannoli formen und direkt ins Fett geben. Es dürfen nur so viele Cannoli in der Pfanne sein, wie frei schwimmend und ohne Berührung Platz darin finden (oder so viele Formen, wie Sie eben haben). Je nachdem, wie schnell Sie arbeiten, sind vielleicht schon 5 Cannoli-Röhren in der Pfanne, bevor die erste fertig gebacken ist.

8. Fertige Teigröhren mit einem Schaumlöffel oder einer Küchenzange herausnehmen und von den Metallformen streifen (Vorsicht, heiß!). Auf Küchenpapier abtropfen und abkühlen lassen. Die Formen für weitere Cannoli verwenden.

9. Die Teigröhren ganz erkalten lassen, bevor sie mit Schokolade überzogen (siehe Seite 206) oder gefüllt werden. Cannoli schmecken zwar frisch am besten, halten sich aber bis zu 1 Woche in einem dicht schließenden Behälter.

Zum Servieren

1. Zum Füllen der Cannoli am besten noch weiches, frisch zubereitetes Eis und einen Spritzbeutel verwenden. Oder mit einem Löffel füllen, seien Sie aber vorsichtig, da die empfindlichen Teigröhren leicht brechen.

2. Gefüllte Cannoli nach Belieben garnieren. Dafür z. B. einige Zuckerstreusel, gehackte Nüsse oder Kokosraspel auf eine Untertasse geben und die Enden leicht hineindrücken.

3. Vor dem Servieren die Cannoli mit Puderzucker bestäuben.

SCHOKOÜBERZUG FÜR HÖRNCHEN & CANNOLI

Die Frage ist nicht, ob Eishörnchen und Cannoli mit Schokoladenüberzug besser schmecken. Die Frage ist, ob die Eiscreme in einer Waffel mit Überzug besser zur Geltung kommt. Ich würde sagen Nein. Aber vor die Wahl gestellt, entscheiden sich die meisten für Hörnchen oder Cannoli mit Schokoüberzug. Zum Glück ist Völlerei nicht immer eine Sünde, für die man sich schämen muss.

Für den Schokoüberzug

12 g Bitterschokolade (70 % Kakaoanteil) pro Hörnchen oder Cannolo

zusätzlich 20 g Bitterschokolade (70 % Kakaoanteil), um den Schwund auszugleichen, der in der Schüssel und auf dem Pinsel hängen bleibt – und vielleicht auch im Mund landet

Für den Überzug der Hörnchen und Cannoli

1. Die Schokolade für die entsprechende Anzahl Hörnchen oder Cannoli mit den zusätzlichen 20 g in eine hitzebeständige Schüssel geben und langsam über einem Wasserbad oder in der Mikrowelle bei niedriger Wattzahl schmelzen.

2. Die Innenseite der Hörnchen oder Cannoli mithilfe eines Küchenpinsels mit der flüssigen Schokolade ausstreichen. Cannoli können auch außen bestrichen werden.

3. Hörnchen oder Cannoli 20 Minuten kalt stellen, bis die Schokolade fest ist. (Sie halten sich bis zu 1 Woche in einem dicht schließenden Behälter.)

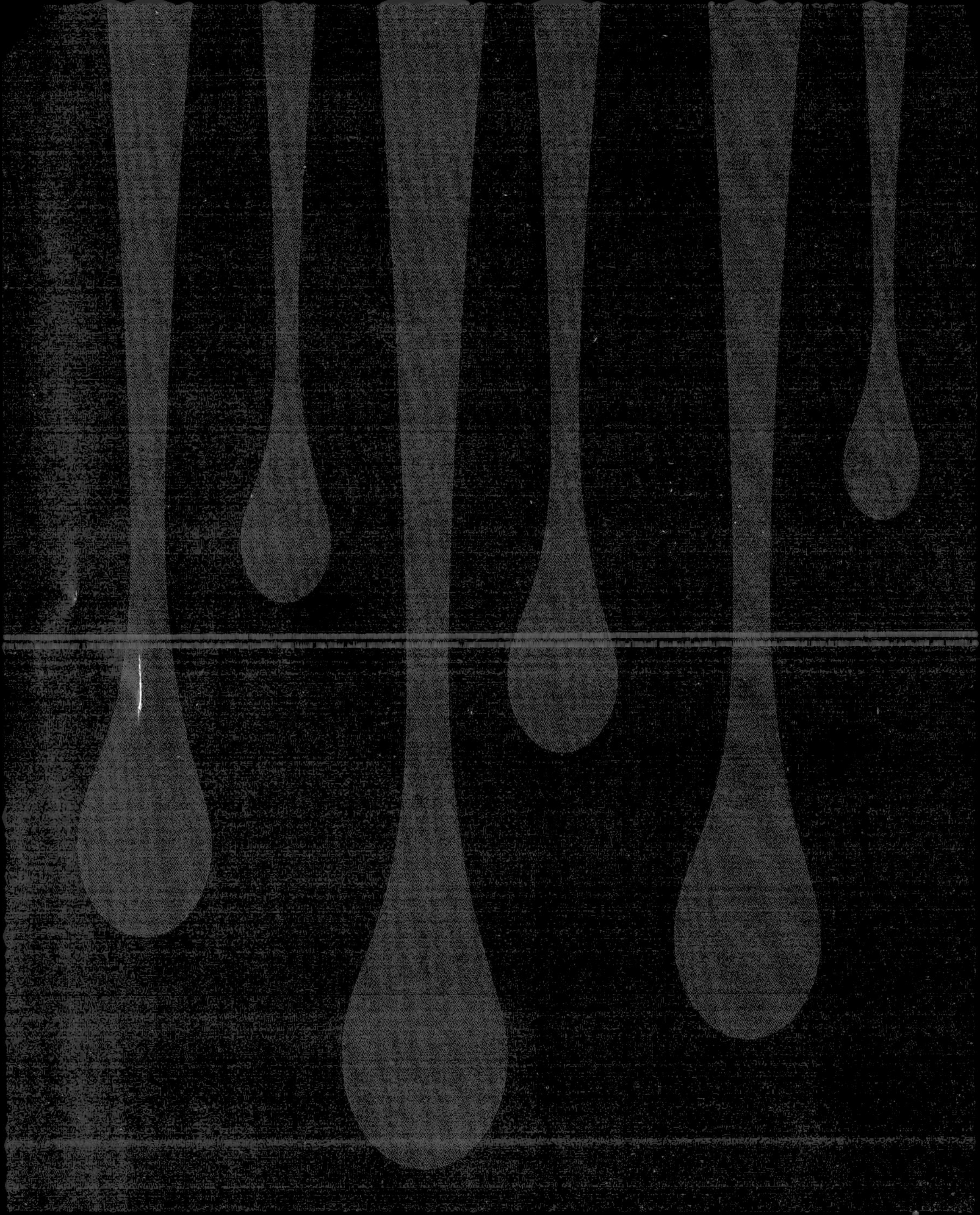

PROFITEROLES

Dank meiner Großmutter Ginny trage ich sowohl ein Stück Italien als auch Louisiana in mir. Von meiner anderen Oma Agnes habe ich ein Stück Ungarn und meine Liebe zu Kuchen geerbt. Von ihr stammt denn auch das beste Rezept für Donuts – und Profiteroles, die ich immer schon geliebt habe. Bei ihren großartigen Festessen gab es immer auch eine eigene Tafel mit Desserts, wie Crêpe-Torten, Schokoladenkuchen, Walnuss-Pancakes, Donuts und immer auch einen Turm aus Profiteroles mit Sahnefüllung. Mindestens genauso gut schmecken diese kleinen Windbeutel aber auch mit Eiscreme-Füllung und warmer Schokosauce.

Ergibt 25–30 Stück/
Für etwa 10 Portionen

Für den Brandteig
250 ml Vollmilch
1 gehäufter TL Zucker
1 Prise Salz
100 g weiche Butter
120 g Weizenmehl (Type 405)
4 Eier

Zum Servieren
Eiscreme oder Schlagsahne, mit Zucker steif geschlagen (z. B. pro 100 g Sahne 10 g Zucker)
Opas Schokosauce (siehe Seite 232)

Für den Brandteig

1. Die Milch mit Zucker, Salz und Butter in einen Topf geben. Bei mittlerer Hitze bis knapp unter den Siedepunkt erhitzen.

2. Das Mehl auf einmal hineingeben und kräftig mit einem Holzlöffel rühren, bis der Teig sich als glatter, glänzender Kloß vom Topfboden löst.

3. Den Teig in Frischhaltefolie schlagen und warm abkühlen lassen.

4. Den warmen (nicht mehr heißen!) Teig in eine große Schüssel geben. Die Eier einzeln mit einem Holzlöffel sorgfältig einarbeiten (viel leichter geht's allerdings in der Küchenmaschine mit Flachrührer). Die Masse sollte eine pastenartige Konsistenz haben.

5. Den Teig einige Stunden im Kühlschrank ruhen lassen (hält sich gekühlt bis zu 3 Tage).

Für die Profiteroles

1. Den Backofen auf 200 °C (180 °C Umluft, Gas: Stufe 6) vorheizen. Zwei Backbleche mit Backpapier belegen.

2. Den Teig in einen Spritzbeutel füllen und gut walnussgroße Teigportionen (etwa 20 g) mit mindestens 5 cm Abstand auf die Bleche spritzen.

3. Im vorgeheizten Ofen 20 Minuten backen, bis sie schön aufgegangen und goldgelb sind. Dabei in den ersten Minuten auf keinen Fall die Ofentür öffnen, später schon, aber auch nicht zu oft.

4. Die Ofentemperatur auf 180 °C (160 °C Umluft, Gas: Stufe 4) reduzieren und weitere 15 Minuten backen, bis sie knusprig sind.

5. Einen oder zwei Profiteroles direkt aus dem Ofen essen, weil sie so lecker sind. Die restlichen auf einem Kuchengitter erkalten lassen.

Serviermöglichkeiten

- Mit Eiscreme: Die Profiteroles halbieren und mit je einer kleinen Eiskugel füllen. Ich verwende gern drei oder vier verschiedene Eissorten zum Füllen, sodass man etwas Auswahl hat. Mit warmer Schokoladensauce servieren.

- Mit Sahne: Die Profiteroles mit gesüßter, steif geschlagener Sahne füllen und mit Schokoladensauce servieren.

- Die Profiteroles mit Eiscreme füllen und mit Schokoladensauce und gesüßter Schlagsahne servieren.

- Die ungefüllten Profiteroles einfrieren und bei Bedarf bei etwa 160 °C (140 °C Umluft, Gas: Stufe 2–3) aufbacken, nach Wunsch füllen und servieren.

WINDBEUTEL & ECLAIRS

Auf Sizilien wird Gelato auf Nachfrage auch in einem süßen Brioche-Brötchen serviert und wie ein Burger gegessen. Das ist eine tolle Sache, vorausgesetzt, die Brioche ist fluffig weich und hat die richtige Form. Man kann sie natürlich auch selbst backen, aber dazu braucht es etwas Zeit und auch ein gewisses Können. Backen Sie stattdessen etwas größere Windbeutel oder längliche Eclairs aus Brandteig, die dann mit Eis gefüllt werden. Lecker!

Ergibt etwa 10 Windbeutel oder Eclairs

1 Portion Brandteig (siehe Seite 208–209)
2–3 Eissorten
300 g Sahne, mit 2 EL Zucker steif geschlagen
Opas Schokosauce (siehe Seite 232), zum Servieren

1. Den Backofen auf 200 °C (180 °C Umluft, Gas: Stufe 6) vorheizen. Ein Backblech mit Backpapier belegen. Den Teig in einen Spritzbeutel mit großer Lochtülle füllen und als Kugeln (je 4 EL und 7 cm breit) oder längliche Eclairs (je 4 EL, 2 cm breit und 14 cm lang) auf das Blech spritzen.

2. Im vorgeheizten Ofen 25 Minuten backen, bis sie schön aufgegangen und goldgelb sind. Dabei in den ersten Minuten auf keinen Fall die Ofentür öffnen, später schon, aber auch nicht zu oft.

3. Die Ofentemperatur auf 180 °C (160 °C Umluft, Gas: Stufe 4) reduzieren und weitere 15 Minuten backen, bis sie knusprig sind.

4. Die Windbeutel oder Eclairs auf einem Kuchengitter erkalten lassen. Durchschneiden, mit zwei oder drei Eissorten füllen und mit gesüßter Schlagsahne und Schokoladensauce servieren.

TIPP: Nicht gefüllte Windbeutel oder Eclairs können in dicht schließenden Behältern eingefroren und vor Verwendung kurz im Ofen aufgebacken werden.

LECKERES MIT EIS

AFFOGATO

Affogato bedeutet wörtlich »ertrunken«, und so ist ein Affogato denn auch eine Kugel Eis, die in einer Flüssigkeit ertränkt wird. Dabei kann es sich um einen Espresso oder was Alkoholisches (wenn die Jahreszeit entsprechend ist, greife ich gern zu Brandy) oder einen heißen Kakao handeln.

In Italien wird ein Affogato üblicherweise mit einem einfachen Gelato wie Fior di Latte (siehe Seite 30) und einem Espresso zubereitet. Hier stelle ich Ihnen noch ein paar weitere Optionen vor, die mich über die Jahre glücklich gemacht haben.

Im Allgemeinen brauchen Sie pro Affogato eine Kugel Eis und 25–30 ml Flüssigkeit (wenn sie kräftig wie Alkohol oder Espresso ist) oder 80–100 ml (wenn sie nicht so intensiv ist, wie z. B. Kakao).

EISSORTE	ERTRÄNKT IN
Fior-di-Latte-, Crema- oder Haselnusseis (Seite 30, 64 und 164)	Espresso
Fior-di-Latte-, Crema- oder Haselnusseis (Seite 30, 64 und 164)	Bicerin (Opas Schokosauce von Seite 232 mit Espresso statt Wasser zubereiten und pro Person noch 15 ml Rum unterrühren)
Kokos-, Crema-, Himbeer-, Haselnusseis (Seite 46, 64, 150 und 164) oder fast jede andere Milcheissorte	Opas Schokosauce (Seite 232)
Orangen-Sherbet, Blutorangen- oder Espresso-Eis (Seite 128, 148 und 199)	Campari
Jedes Zitrussorbet oder Sherbet	Grappa oder Tequila
Rum-Rosinen-, Tiramisù- oder Panettone-Eis (Seite 98, 104 und 108)	brauner Rum
Mandel-, Joghurt-, Kokos-, Pfirsich- oder Lakritzeis (Seite 36, 38, 46, 114 und 160)	Himbeerpüree
Erdbeer-Granita oder Himbeereis (Seite 134 und 150)	Sambuca

EIS-TORTEN

Es gibt nichts Beeindruckenderes als eine Eistorte, und wenn Sie erst mal die dafür erforderlichen Eissorten zubereitet haben, gibt es auch nichts Einfacheres. Eistorten sind wirklich ein Kinderspiel, schließlich muss man nicht viel mehr machen, als das Eis aufeinanderzuschichten.

Normalerweise verwende ich dafür einen Boden aus alkoholgetränktem Biskuit und drei Eissorten. Dann können Sie viel Energie, Sorgfalt und Kreativität in die Dekoration stecken. Oft ist es aber am klügsten, wenn man die Torte »ungeschminkt« lässt. Kombinieren Sie nach Belieben Eissorten, die Sie gern mögen. In der Tabelle zeige ich Ihnen einige meiner Favoriten.

TORTE	EISSORTE	ZUM TRÄNKEN
Opera	Haselnuss- oder Geröstete-Mandel-, Bitterschokoladen- und Espresso-Eis (Seite 164, 166, 192 und 199)	Brandy
Nuss	Mandel- oder Marron-glacé-, Pistazien- und Haselnusseis (Seite 36, 162, 76 und 164)	Brandy, brauner Rum oder Espresso
Levante	Pistazien-, Mandel- und Halwa-Eis (Seite 76, 36 und 158)	100 ml Wasser gemischt mit 50 ml Rosenwasser
Zitrus	Zitrone-Rosmarin- und Mandarineneis sowie Blutorangen-Granita (Seite 62, 132 und 148)	Orangen- oder Zitronensaft
Brindisi	Kokos-, Himbeer- und Bitterschokoladeneis (Seite 46, 150 und 192)	brauner Rum
Fürst Pückler	Crema- und Milchschokoladeneis sowie Walderdbeer-Sherbet (Seite 64, 174 und 136)	Wasser gemischt mit ½ TL Vanillearoma
Weiß	Joghurt- oder Reiseis, Kokos- und Feigenblatteis oder Ricotta-Sauerkirsch und Ricotta-Kaffee-Honig-Eis (Seite 38, 44, 46, 54, 88 und 90)	Limoncello

Für 16–20 Portionen

Für den Biskuitboden
2 Eier (Größe L)
65 g Zucker
65 g Weizenmehl (Type 405)
1/4 TL Backpulver

Für den Sirup
75 g Zucker
150 ml Flüssigkeit (Wasser, Fruchtsaft oder Alkohol)

Für die Torte
3 Eissorten (je 1 Liter)

Für den Biskuitboden

1. Den Backofen auf 200 °C (180 °C Umluft, Gas: Stufe 6) vorheizen. Eine Springform (24–26 cm Ø) mit Backpapier auskleiden oder einen Backring auf 24–26 cm Ø einstellen und auf ein mit Backpapier belegtes Backblech setzen.

2. Die Eier mit dem Zucker so lange mit dem Handrührgerät verquirlen, bis die Masse hell und schaumig ist und sich ihr Volumen verdreifacht hat. Mehl und Backpulver in kleinen Portionen über die Eiermasse sieben und jeweils kurz unterheben.

3. Den Teig in die vorbereitete Form füllen, glatt streichen und leicht gegen den Rand schlagen, um große Luftblasen zu entfernen. Im vorgeheizten Ofen 15 Minuten goldgelb backen. Herausnehmen und den Biskuit in der Form erkalten lassen.

Für den Sirup

1. Für alkoholfreien Sirup Zucker und alkoholfreie Flüssigkeit in einem kleinen Topf bei niedriger Hitze erwärmen, bis sich der Zucker vollständig aufgelöst hat.

2. Für alkoholischen Sirup Zucker und Alkohol in einen hitzebeständigen, dicht schließenden Behälter, z. B. ein Schraubglas, füllen und das Glas in einen Topf mit aufgekochtem Wasser stellen, um die Mischung zu erwärmen. Das Glas schütteln, bis sich der Zucker vollständig aufgelöst hat. Vor dem Öffnen zimmerwarm abkühlen lassen.

Zusammensetzen der Torte

1. Den Biskuitboden gleichmäßig mit dem Sirup tränken. Die erste Eisschicht auf dem Teigboden glatt verstreichen.

2. Ins Gefrierfach stellen, bis die erste Schicht fest ist. (Es ist einfacher, mit weichem Eis zu arbeiten, deshalb am besten frisch zubereitetes Eis verwenden und im Gefrierfach fest werden lassen, während die nächste Sorte gemacht wird.)

3. Die nächste Eissorte zubereiten und auf der ersten Schicht auftragen, wieder im Gefrierfach fest werden lassen. Mit der dritten Sorte ebenso verfahren.

TIPP: Wenn Sie Eis aus dem Gefrierfach verwenden, sollten Sie es jeweils im Kühlschrank antauen lassen, bis es streichfähig ist.

SGROPPINO

Ein Sgroppino – eine Art Cocktail aus Sorbet – ist die sehr kindliche Annäherung an die Mixkunst und die sehr erwachsene Interpretation eines Sorbets. Servieren Sie ihn als Dessert oder (in kleineren Portionen) nach dem Dessert als Gaumenreiniger. Ein Sgroppino, der in Italien fast immer mit Zitronensorbet zubereitet wird, ist auch ein sehr erfrischendes Sommergetränk. Ich wiederum bin sehr stolz darauf, Sgroppino auch mit anderen, zur Jahreszeit passenden Sorbets zu servieren. Alle folgenden Sorbets, Granitas und Eissorten sind geeignet:

- Zitronensorbet (nach dem Rezept auf Seite 62 ohne Rosmarin)
- Zitronen-Granita (Seite 50)
- Blutorangen-Granita oder -eis (Seite 146 und 148)
- Alle Sorbets aus Steinobst (z. B. Pfirsich-, Aprikosen-, Backpflaumeneis etc., Seite 114, 116 und 152) mit Wodka oder einer zum Sorbet passenden Spirituose
- Alle Sorbets aus Beeren (Erdbeer-Rosa-Pfeffer-Eis, Himbeer-, Brombeereis etc., Seite 140, 150 und 178)
- Meloneneis oder Wassermelonen-Granita (Seite 126 und 144)
- Birneneis (Seite 94) mit Williams-Christ-Birnenbrand statt Wodka

Pro Person

3 mittelgroße Eis-, Sorbet- oder Granita-Kugeln
2 EL Wodka
80 ml eiskalter Prosecco, plus 1 Spritzer

Für den Sgroppino

1. Das Servierglas im Gefrierfach vorkühlen.

2. Eis, Sorbet oder Granita und Wodka in eine Schüssel geben.

3. Die Zutaten von Hand mit dem Schneebesen kräftig schlagen, bis eine cremige Masse entstanden ist.

4. Die Hälfte des Prosecco hinzugießen und kurz einarbeiten.

5. Den restlichen Prosecco hinzugießen und unterrühren. Die Masse sollte immer noch slushig-gefroren sein.

6. In das gekühlte Glas füllen. 1 Spritzer Prosecco darübergeben und sofort servieren.

EISBECHER

Bei Gelupo servieren wir bislang (noch) keine Coppe di gelato (Eisbecher). Auch wenn jede Gelateria unter der italienischen Sonne Eisbecher serviert, erscheinen sie mir immer so unitalienisch. Ja, ich weiß, das ist blöd von mir. Hier jedenfalls sind ein paar tolle Ideen für Eisbecher. ▶

EISBECHER	EISSORTEN	GARNIERUNG
Engelchen & Teufelchen	Mandel-Granita und Bitterschokoladeneis (Seite 48 und 192)	Geröstete Mandelblättchen
Mandel & Himbeer	Mandel- oder Geröstete-Mandel- und Himbeereis (Seite 36, 166 und 150)	Himbeerpüree, gesüßte Schlagsahne•, geröstete Mandelblättchen
Melba	Crema-, Pfirsich- und Himbeereis (Seite 64, 114 und 150)	Frische Himbeeren, Himbeerpüree, Minzeblätter
Brindisi••	Kokos-, Himbeer- und vielleicht auch Bitterschokoladeneis (Seite 46, 150 und 192)	Frische Himbeeren, Opas Schokosauce (Seite 232)
Bananen-Split	Walderdbeer-Sherbet, Milchschokoladen- und Erdnuss-Konfitüre-Eis (Seite 136, 174 und 186)	Längs halbierte Banane, Opas Schokosauce (Seite 232), gesüßte Schlagsahne•
Nemi•••	Reis-Eis (Seite 44)	Frische Erdbeeren, gesüßte Schlagsahne•, gemahlener Zimt

• Pro 150 g Sahne 1 gestrichener EL Zucker.

•• Stadt in Italien, aber auch italienisches Wort für »Trinkspruch«.

EISBECHER	EISSORTEN	GARNIERUNG
Caprese	Fior-di-Latte- oder Kokoseis mit Minze-Stracciatella- und Himbeereis (Seite 30, 46, 78 und 150)	Frische Himbeeren, Minzeblätter
After 8	Minze-Stracciatella-, Bacio- und Bitterschokoladeneis (Seite 78, 185 und 192)	Opas Schokosauce (Seite 232), gesüßte Schlagsahne•, Minzeblätter
Banane & Rum	Banane-Stracciatella-, Rum-Rosinen- und Salzkarameleis (Seite 92, 98 und 172)	Bananenscheiben, Rum, gesüßte Schlagsahne•
Ricotta & Birne	Ricotta-, Birnen- und Haselnusseis (Seite 32, 94 und 164)	Opas Schokosauce (Seite 232), gesüßte Schlagsahne•, grob gehackte geröstete Haselnusskerne
Piña colada	Kokos- und Ananaseis (Seite 46 und 110)	Brauner Rum, gesüßte Schlagsahne•
Moro ••••	Aprikosen- und Bitterschokoladeneis (Seite 116 und 192)	Frische Aprikosen, Opas Schokosauce (Seite 232), gesüßte Sahne•

••• Der Vulkansee, an dessen Hängen Roms beste Erdbeeren wachsen.

•••• Das Restaurant, in dem ich zuerst gelernt habe und dessen Schokoladen-Aprikosen-Tarte göttlich ist.

EIS-TRÜFFELN

Als ich ein Kind war, gab es eine Gelateria in einer kleinen Londoner Seitenstraße, vielleicht 20 Gehminuten von unserem Haus entfernt, in die ich stets meine Eltern zerrte. Wir aßen immer ein Eis, und wenn ich die regelmäßig aufkommende Diskussion gewann (was ich immer tat), nahmen wir auch noch etwas Eiskonfekt mit nach Hause: Eiskugeln, die mit einer hauchdünnen Schokoladenschicht überzogen waren. Natürlich konnte man im Laden wählen, welche Eissorten in die Schachtel kommen sollten. Aber wenn man sich dann zu Hause eine Kugel in den Mund schob, wusste man nie, was einen erwartete. Die Gelateria gibt es schon lange nicht mehr, doch die kleinen Trüffel-Schätzchen kann man ganz einfach selbst machen.

Damit die Eistrüffeln gelingen, muss das Gefrierfach so kalt wie möglich sein, und wenn die Trüffeln besonders schön geformt sein sollen, verwenden Sie einen zangenförmigen Eisportionierer mit einem Metallband in der halbkugelförmigen Schale, das durch das Zusammendrücken der Zange die Kugel herauslöst. Die Größe und auch die Anzahl der Trüffeln hängt natürlich von der Größe des Eisportionierers ab.

Ergibt 16 mittelgroße Trüffeln (oder 30 kleine oder 8–10 große)

etwa 1 Liter Eis, in einer oder mehreren Sorten
300 g Bitterschokolade (70 % Kakaoanteil), gehackt
75 g Kakaobutter oder Kokosöl

Zum Formen der Trüffeln

1. Das Gefrierfach so kalt wie möglich stellen.

2. Einige alte Eierkartons mit Frischhaltefolie auskleiden.

3. Das Eis mithilfe des Eisportionierers zu möglichst runden Kugeln formen und jeweils in eine Vertiefung der Eierkartons setzen. Den Portionierer nach jeder Kugel mit kaltem Wasser abspülen.

4. Zügig arbeiten, da das Eis ja relativ schnell schmilzt. Gegebenenfalls auch einen halb vollen Eierkarton ins Gefrierfach geben. Auf diese Weise fortfahren, bis das ganze Eis zu Kugeln verarbeitet ist.

5. Die Kugeln mehrere Stunden – idealerweise über Nacht – gefrieren, bis das Eis sehr fest ist.

Zum Überziehen der Trüffeln

1. Schokolade und Kakaobutter oder Kokosöl in einer hitzebeständigen Schüssel über einem Wasserbad oder in der Mikrowelle bei niedriger Wattzahl schmelzen.

2. Abkühlen lassen, bis die Schokolade fast zimmerwarm, aber noch flüssig ist.

3. Die Eierkartons einzeln aus dem Gefrierfach nehmen. Die Eiskugeln mit einem kleinen Holzspieß aufspießen und in die Schokolade tauchen. Abtropfen lassen, sodass eine möglichst dünne, aber gleichmäßige Schokoladenschicht entsteht. Rasch arbeiten. Die Kugeln müssen sehr fest sein, damit sie sich gut überziehen lassen.

4. Die Schokolade erstarrt sofort. Die Trüffeln in einen geeigneten Behälter geben und sofort wieder ins Gefrierfach stellen. Mit den Eis-Kugeln aus den restlichen Eierkartons ebenso verfahren. Das Gefrierfach kann dann wieder auf die übliche Temperatur eingestellt werden.

5. Die Eistrüffeln vor dem Servieren einige Minuten im Kühlschrank antauen lassen.

EIS-SANDWICHES

Eissandwiches sind unglaublich praktisch: einfach aus dem Gefrierfach holen und essen! Dahinter verbirgt sich allerdings viel Raffinesse in der Kombination der drei tollsten Leckereien der Welt – Eiscreme, Plätzchen und Sandwiches –, die sich hier scheinbar mühelos zu einer kleinen Köstlichkeit zusammenfügen.

Ergibt 10 Sandwiches

Für die Plätzchen

150 g Weizenmehl (Type 405)
1/2 TL Natron
1/2 TL Salz
75 g Kakaopulver
100 g weiche Butter
150 g brauner Zucker
5 Tropfen Vanillearoma
2 EL Glukosesirup oder flüssiger heller Honig
150 ml Vollmilch

Für die Füllung

1 Liter Eis (Sorte nach Belieben)

Für die Plätzchen

1. Den Backofen auf 200 °C (180 °C Umluft, Gas: Stufe 6) vorheizen. Zwei Backbleche mit Backpapier belegen.

2. Das Mehl mit Natron, Salz und Kakao in eine Schüssel sieben.

3. In einer zweiten Schüssel Butter, Zucker, Vanillearoma und Glukose oder Honig hell und cremig rühren. Mehl und Milch jeweils in drei Portionen kurz einarbeiten (den Teig nicht zu lange bearbeiten).

4. Den Teig in 20 gut esslöffelgroßen Portionen auf die vorbereiteten Backbleche setzen. Dabei so viel Abstand dazwischen lassen, dass der Teig zu 7–8 cm großen Scheiben auslaufen kann.

5. Die Plätzchen im vorgeheizten Ofen 8 Minuten backen, bis der Teig matt geworden ist (diese Plätzchen werden nur sehr kurz gebacken, damit sie auch in gefrorenem Zustand noch weich sind).

6. Herausnehmen und zimmerwarm abkühlen lassen. Dann die Plätzchen mindestens 1 Stunde vor dem Zusammensetzen ins Gefrierfach geben.

Für die Sandwiches

1. Das Eis so lange im Kühlschrank antauen lassen, bis es streichfähig ist.

2. Die Sandwiches können auf zweierlei Art zubereitet werden: entweder je 2 Plätzchen mit einer Kugel Eis zusammensetzen und leicht andrücken (die einfachere Methode für ungeübtere Sandwich-Macher).

3. Alternativ das Eis in einen 7 cm großen Speisering streichen und wieder herauslösen. Je 2 Plätzchen mit der Eisscheibe zusammensetzen (die sauberere Methode, wenn die Plätzchen so groß sind wie der Metallring).

4. Wenn die Sandwiches sofort serviert werden, vorher einige Minuten im Gefrierfach wieder etwas fester werden lassen. Alternativ in einen dicht schließenden Gefrierbehälter geben und bis zu 1 Woche gefrieren.

ES GIBT NUR EINE SAUCE

OPAS SCHOKOSAUCE

Diese Schokoladensauce ist nicht nur die einzige, die es wert ist, zubereitet zu werden, sie hat auch nur eine echte Zutat: Schokolade. Mein Großvater John goss sie immer über Vanille-Eis und Profiteroles. So machen es auch meine Eltern, und so werden es auch meine Kinder tun.

Italiener würden selten etwas anderes auf ihr Eis geben als Schlagsahne. Allerdings wird das ein oder andere Eis wie Himbeer-, Kokos- oder Haselnusseis auch durch eine Schokoladensauce ergänzt. Und überhaupt schmeckt diese Sauce zu fast jedem Dessert, Eiscreme inklusive.

Pro Person
50 g Bitterschokolade (70 % Kakaoanteil), gehackt
55 ml Wasser
1/2 TL Zucker (nach Belieben)

Für die Schokoladensauce

1. Die Schokolade in einen kleinen Topf geben. Das Wasser hinzugießen und die Schokolade bei niedrigster Hitze unter Rühren schmelzen. Alternativ die Schokolade in der Mikrowelle bei niedriger Wattzahl schmelzen. Aber Achtung: In der Mikrowelle verbrennt Schokolade schnell!

2. Die Schokoladensauce mit dem Zucker abschmecken. Wenn Sie es süßer mögen, pro Person bis zu ½ TL Zucker hinzugeben.

3. Die Sauce sollte samtig glänzend und maximal lauwarm sein, auf keinen Fall aber sehr warm oder gar heiß, weil sie dann das Eis sofort schmelzen ließe.

MEHR DAVON!

Bei Gelupo – wie in fast jeder Gelateria – legen wir nicht nur großen Wert auf Qualität, sondern auch auf Effizienz. An sonnigen Tagen, wenn die Nachfrage nach Gelato in die Höhe schnellt, ist unser Team richtig eingespannt. Unser Anspruch ist jedoch stets, jede Eissorte täglich frisch zuzubereiten (schmeckt einfach besser). Was uns zu der Frage bringt: wie?

Teil der Lösung ist, dass einige Grundmassen in großen Mengen zubereitet und ihnen dann nur noch verschiedene aromatisierende Zutaten beigemengt werden. Wenn wir unser Eis machen, fangen wir immer mit den hellsten Farben und den leichtesten Aromen an und arbeiten uns dann nach dunkler und kräftiger vor, sodass wir die Maschine nicht nach jeder Charge komplett reinigen müssen, sondern erst, wenn wir potenzielle Allergene und aroma- oder farbintensive Zutaten verarbeiten.

So ist auch dieses Buch aufgebaut. Wollen Sie schnell mehrere Eissorten zubereiten, können Sie einige wenige Grundmassen in größeren Mengen herstellen und bis zum Gebrauch im Kühlschrank lagern. Das Buch ist lose von hell nach dunkel geordnet, sodass man jedes folgende Eis zubereiten könnte, ohne die Maschine jedes Mal reinigen zu müssen. Meist werden Sie nur eine Eissorte herstellen, schließlich funktioniert jedes Rezept eigenständig. Es ist aber praktisch, eine Charge Eisbasis oder Sorbetsirup vorrätig zu haben. Auf den folgenden Seiten finden Sie Multiplikationstabellen für diese beiden Grundmassen, mit denen Sie vielfache Mengen errechnen können: Um die 8-fache Menge zuzubereiten, addieren Sie einfach die 3-fache und die 5-fache Menge usw.

Auf Seite 242 ist außerdem aufgelistet, welche Eissorten mit welcher Grundmasse zubereitet werden. Wenn Sie also noch eine Eisbasis im Kühlschrank haben und fix ein Eis zaubern wollen, können Sie hier schnell herausfinden, welche Eissorten überhaupt infrage kommen.

HINWEIS: Wenn Sie das Gewicht aller Zutaten für eine Portion Eisbasis addieren, kommen Sie auf 860 g. Im Rezept sind aber immer »etwa 800 ml« (rund 820 g) angegeben. Dabei ist der Schwund der Masse, die in der Schüssel und an Gerätschaften haften bleibt, berücksichtigt. Wenn Sie eine größere Portion zubereiten, steigt der Verlust nicht proportional. Die 10-fache Zutatenmenge für eine Eisbasis ergibt also etwas mehr als 10 x »etwa 800 ml«.

MEHR EISBASIS HERSTELLEN

ZUTAT	1x	2x	3x	5x
Zucker	130 g	260 g	390 g	650 g
Magermilchpulver	40 g	80 g	120 g	200 g
Stabilisator: Johannisbrotkernmehl	1 TL (2,5 g)	2 TL (5 g)	1 EL (7,5 g)	1 EL plus 2 TL (12,5 g)
ODER	oder	oder	oder	oder
Pfeilwurzstärke/ Speisestärke	2 EL (15 g)	30 g	45 g	75 g
Vollmilch	640 ml	1,3 Liter	1,9 Liter	3,2 Liter
Glukosesirup oder -pulver	40 g	80 g	120 g	200 g

7 x	10 x
910 g	1,3 kg
280 g	400 g
2 EL plus 1 TL (17,5 g)	25 g
oder	**oder**
105 g	150 g
4,5 Liter	6,4 Liter
280 g	400 g

Für die Eisbasis

1. Die Zutaten wie in der Tabelle angegeben wiegen. (Wenn Sie beispielsweise die 4-fache Menge Eisbasis zubereiten wollen, verdoppeln Sie einfach die Mengen, wie sie unter »2 x« angegeben sind.)

2. Zucker, Milchpulver und Stabilisator in einer Schüssel sorgfältig mischen.

3. Milch und Glukose oder Honig in einen Topf füllen und bis knapp unter den Siedepunkt erhitzen.

4. Die Zuckermischung unter ständigem Rühren in die heiße Milch streuen. Weiterrühren, bis die Mischung zu köcheln beginnt, dann vom Herd nehmen.

5. Den Deckel aufsetzen, die Eisbasis erst auf Raumtemperatur abkühlen lassen und dann im Kühlschrank kalt stellen. Dort hält sie sich bis zu 5 Tage.

TIPP: Es kommt vor, dass die Eisbasis durch die Kühlschranklagerung leicht ausfällt. Rühren Sie die ganze Charge durch, bis sie wieder homogen ist, und nehmen Sie erst dann die Portion Eis ab, die Sie benötigen.

MEHR SORBETSIRUP HERSTELLEN

ZUTAT	1x	2x	3x	5x
Zucker	125 g	250 g	375 g	625 g
Stabilisator: Johannisbrotkernmehl	1 TL (2,5 g)	2 TL (5 g)	1 EL (7,5 g)	1 EL plus 2 TL (12,5 g)
ODER	oder	oder	oder	oder
Pfeilwurzstärke/ Speisestärke	2 EL (15 g)	30 g	45 g	75 g
Wasser	225 ml	450 ml	675 ml	1,13 Liter
Glukosesirup oder -pulver/flüssiger heller Honig	50 g	100 g	150 g	250 g

7 x	10 x
875 g	1,25 kg
2 EL plus 1 TL (17,5 g) **oder** 105 g	25 g **oder** 150 g
1,58 Liter	2,25 Liter
350 g	500 g

Für den Sorbetsirup

1. Die Zutaten wie in der Tabelle angegeben wiegen. (Wenn Sie beispielsweise die 4-fache Menge Sorbetsirup zubereiten wollen, verdoppeln Sie einfach die Mengen, wie sie unter »2 x« angegeben sind.)

2. Zucker und Stabilisator in einer Schüssel sorgfältig mischen.

3. Wasser und Glukose oder Honig in einen Topf füllen und bis knapp unter den Siedepunkt erhitzen.

4. Die Zuckermischung unter ständigem Rühren in das heiße Wasser streuen. Weiterrühren, bis die Mischung zu köcheln beginnt, dann vom Herd nehmen.

5. Den Sirup lauwarm abkühlen lassen. Den Deckel aufsetzen und den Sirup in den Kühlschrank stellen, wo er sich bis zu 1 Woche hält.

Diese Auflistung soll Ihnen einen schnellen Überblick geben, welches Eis Sie zubereiten können, wenn Sie eine größere Menge einer der beiden Grundmassen im Kühlschrank vorrätig haben. Achten Sie immer darauf, sich von hell nach dunkel und von leichteren zu kräftigeren, intensiveren Aromen vorzuarbeiten. Wie praktisch, dass auch die Eissorten in diesem Buch nach diesem Prinzip geordnet sind.

MIT EISBASIS

MIT SORBETSIRUP

MÖRDERISCH GUT

Zum großen Vergnügen, in eine Eisdiele zu gehen, gehört auch immer die Frage, für welche Sorten man sich entscheiden soll. In Italien gibt es eine Auseinandersetzung zwischen Gelaterias, die ihre Eiskreationen in einer großen gläsernen Verkaufstheke hinter Glas präsentieren (sodass die Kunden auch mit den Augen essen können, wo aber das Eis größeren Temperaturschwankungen ausgesetzt ist), und Gelaterias, die ihre Leckereien in tiefen Eiscontainern (Pozzetti) verschlossen halten (hier bleiben die Temperaturen konstanter, und die Kunden haben natürlich das Überraschungsmoment auf ihrer Seite). Das eine Lager ruft: Schaut, was wir für euch alles im Angebot haben, ihr habt die freie Auswahl! Das andere Lager kontert: Schließt die Augen und stellt euch euer Gelato vor, dann lassen wir euren Traum wahr werden …

Eissorten kombinieren können Sie natürlich auch zu Hause. Aber wie bei allen Unternehmungen, die die Sinne anregen, sollten Sie auch hier beachten: Zwei sind fein, drei sind okay, aber ab vier Sorten wird's unübersichtlich. Abgesehen davon können Sie Ihr Eis immer mit einem großzügigen Löffel Schlagsahne garnieren.

Besonders lecker wird es, wenn Sie Aromen kombinieren, die sich im Charakter ähnlich sind oder aber kontrastieren. Sollen zwei Eissorten serviert werden, ist es einfacher, wenn beide aus derselben Grundmasse hergestellt sind. Sie können eine entsprechende Portion Grundmasse zubereiten und dann aromatisieren (Mengenangaben für größere Portionen, siehe Seite 238–241).

Wenn es darum geht, Ihre persönlichen Killer-Kombis zu finden, gilt es auch hier einige Regeln zu beachten:

- Im Allgemeinen harmonieren zwei oder drei ähnliche Eissorten sehr gut (z. B. wenn alle Sorten nussig oder mit Zitrusfrüchten oder Beeren sind). Vermeiden sollten Sie eine Zusammenstellung aus bitteren, würzigen oder schokoladigen Aromen.

- Es empfiehlt sich außerdem, Zitrusnoten mit bitteren oder würzigen Aromen zu kombinieren, mit Ausnahme von Zitrus und Schokolade, was total gut oder aber schrecklich daneben gehen kann.

Bei den Vorschlägen auf den folgenden Seiten kommt es bewusst zu Mehrfachnennungen, das bedeutet, dass z. B. Haselnusseis sowohl cremig als auch nussig, Gianduja nussig und schokoladig ist.

VIEL SPASS BEIM KOMBINIEREN!

CREMIG

Gut mit anderen cremigen Eissorten und mit würzigen, nussigen, schokoladigen, beerigen, fruchtigen, Zitrus- und herben Aromen.

HERB

Besonders gut mit beerigen oder nussigen Eiscremes, nie mit Eis aus fleischigen Früchten oder Zitrusfrüchten.

NUSSIG

Gut mit anderen nussigen Eissorten, aber auch mit würzigen, schokoladigen, fruchtigen, herben und cremigen Aromen.

SCHOKOLADIG

Super mit beerigen, cremigen, würzigen oder nussigen Aromen. Manchmal auch mit Früchten (Aprikose – ja, Melone – nein), Zitrus (Orange – ja, Zitrone – nein) oder herben Aromen (Kaffee – ja, Lakritz – nein).

BEEREN

Gut mit anderen Beeren, aber auch mit fleischigen Früchten, würzigen Noten, zitrusartigen, herben, cremigen, nussigen oder schokoladigen Aromen.

FLEISCHIGE FRÜCHTE

Gut mit anderen fleischigen Früchten, aber auch mit würzigen, cremigen, nussigen oder beerigen Eissorten. Manchmal auch gut mit herben Aromen (geröstete Mandel oder Bitterschokolade – ja, Espresso – nein; Lakritz – hängt von der Frucht ab: Pfirsich – ja, Melone – nein).

ZITRUS

Prima mit anderen Zitrusaromen, Beeren und fleischigen Früchten. Manchmal auch lecker mit cremigen, nussigen oder schokoladigen Aromen. Grundsätzlich furchtbar mit herben Eissorten (insbesondere Lakritz- oder Espresso-Eis). Es gibt aber auch Ausnahmen (cremige Eissorten mit Zitrusschalen gelten als cremig und nicht als Zitruseis; auch Orange und Bitterschokolade sind köstlich).

WÜRZIG

Besonders lecker mit cremigen, nussigen, schokoladigen, beerigen oder fruchtigen Eissorten.

Im Allgemeinen sind Kombinationen am besten mit:

ENTWEDER 2 oder 3 ähnlichen Aromen (also alle cremig oder nussig; oder alle hell, dezent oder kräftig)

ODER 3 kontrastierenden Aromen (also 1 helle, 1 dunkle, 1 fruchtige oder 1 intensive, 1 milde und 1 feine Eissorte)

ODER 2 ähnlichen und 1 kontrastierenden Aroma (also 2 cremige oder 2 nussige mit 1 beerigen oder schokoladigen Eis oder 1 schokoladiges oder 2 rote/fruchtige Eissorten mit 1 cremigen oder 1 bitteren oder 1 würzigen Eis).

Merke: **2** sind fein, **3** sind okay, aber **4** sind zu viel.

REGISTER

Kursiv gesetzte Rezepte stellen Varianten dar.

F

G

T

V

W

Z

VEGAN?

Dann sind diese Sorten für Sie geeignet! Wo relevant, können Sie zum Servieren die steif geschlagene Sahne weglassen oder durch eine pflanzliche Alternative ersetzen. Für Gelati mit Wein oder dunkler Schokolade prüfen Sie immer erst die Zutatenliste. Für vegane Sorbets bereiten Sie den Sorbetsirup immer nur mit Glukosesirup oder -pulver und nicht mit Honig zu.

GRAZIE

Weder dieses Buch noch mich würde es geben, wenn meine Großeltern Ginny und John nicht in den 1950er-Jahren mit meiner Baby-Mama nach Italien gezogen wären und meine Mutter und mein Vater nicht immer wieder mit mir dorthin gefahren wären und es heute noch tun und mich mit unbotmäßigen Mengen an Eiscreme versorg(t)en.

Mein besonderer Dank geht an David, dafür dass er sich um mich gekümmert hat, während ich an diesem Buch schrieb, und an die Familie Reinhart (vor allem Lauren), dafür dass sie uns bei der Gründung der nächsten Eisesser-Generation geholfen hat.

Dank auch an Gianni Figliomeni, dem Maestro von Il Gelatauro in Bologna, der besten italienischen Gelateria: Er hat selbstlos sein Wissen mit mir geteilt, und das ist alles, was ich weiß. Gelupo ist in Anlehnung an Gelatauro benannt. Vielen Dank auch an Faith Willinger und Giannis Frau Angela Lorenz, die mich unterstützte und mich mit Gianni bekannt machte.

Bedanken möchte ich mich postum auch bei der großartigen Heather Ho, die mir bei Boulevard beibrachte, wie man Sherbet und gebrannte Mandelmilch herstellt, Filippo Fiorelli (von der Pasticceria Fiorelli – für Gelato und Gebäck) sowie Rocco und Maurizio Giovannangelo (von der Little Bar), die mich in Sperlonga jeden Tag mit köstlichem Gelato versorgten.

Ein besonderer Dank geht an Jake Simpson, der jedes einzelne Rezept in diesem Buch getestet (und gegessen) hat, Caz Hildebrand, Märta Andrén und Nichole Dean von Here Design, die bei der Seiten- und Umschlaggestaltung Fantastisches geleistet haben.

Ein ebenso herzlicher Dank geht an Xa von Bloomsbury, die visionär und geduldig ist und Eis liebt, sowie an Jude, dessen sorgfältige und feinfühlige Textbearbeitung einfach genial ist.

Danke an alle aktuellen und früheren Eismacher bei Gelupo, insbesondere Umberto und vor ihm Silvia – viele Rezepte in diesem Buch basieren auf ihrer Arbeit – und an Manager Richard und vor ihm Oded, Alec und Keith.

Mein spezieller Dank gilt Victor, dank dessen Führung das Unternehmen glücklich und gesund geblieben ist, trotz meiner ständigen Rezepttüfteleien und meiner permanenten Sorge um den perfekten Reifegrad von Früchten.

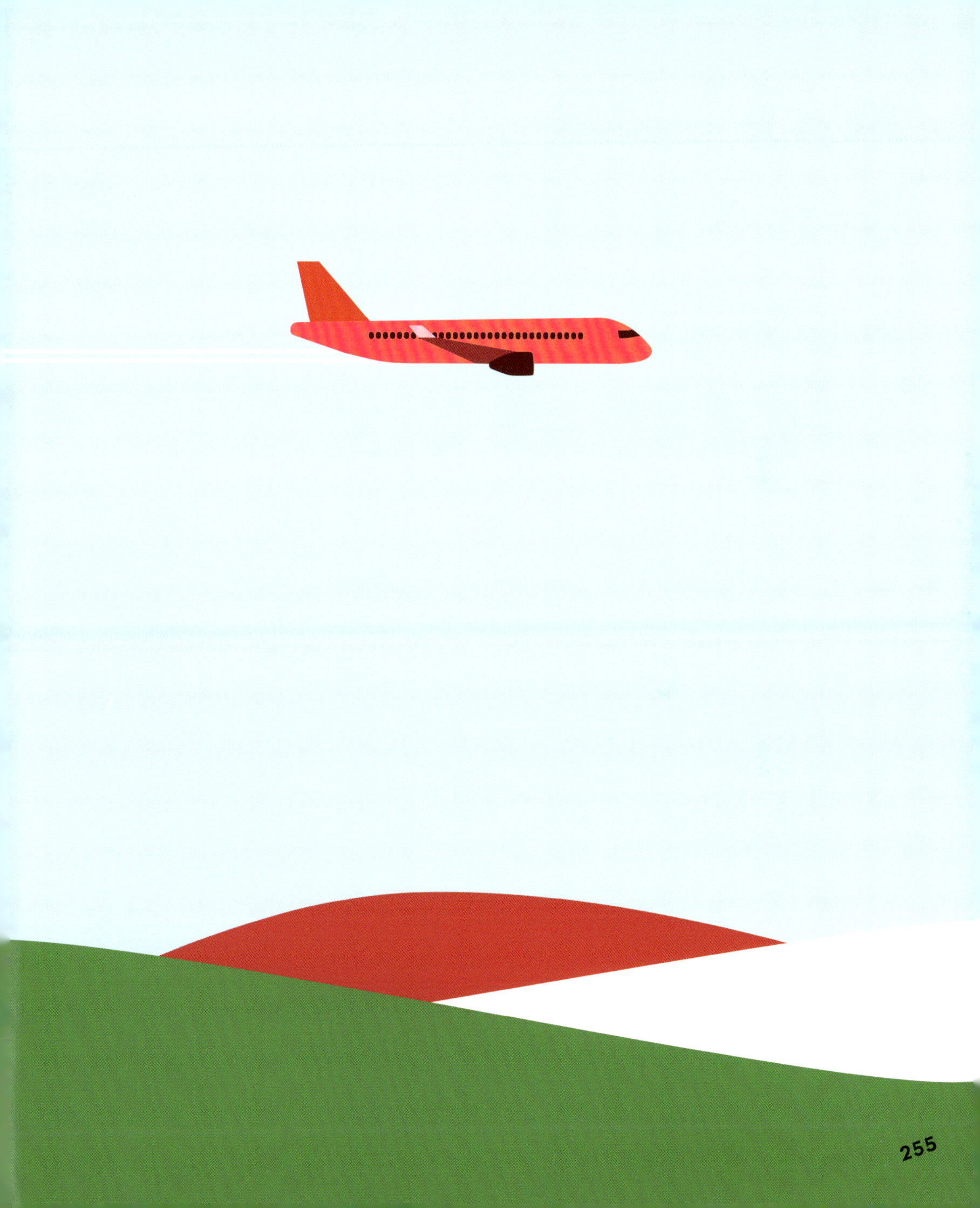

WAS FÜR
EIN PREIS
FÜR SO EIN
LECKERES EIS!